LA RÉVOLUTION FRANÇAISE
ET L'ABOLITION DE L'ESCLAVAGE

TEXTES ET DOCUMENTS

TOME I

EDHIS
EDITIONS D'HISTOIRE SOCIALE
10, RUE VIVIENNE
PARIS

— I —

LA REVOLUTION FRANÇAISE ET L'ABOLITION DE L'ESCLAVAGE

La collection « La Révolution française et l'abolition de l'esclavage » comprend au total quatre-vingt-neuf titres répartis en douze volumes, qui forment quatre séries:

A - *La traite des Noirs et l'esclavage, tomes I à V.*

B - *La Société des Amis des Noirs, tomes VI à IX.*

C - *La révolte des Noirs et des Créoles, tomes X et XI.*

D - *La législation nouvelle, qui, avec une table générale des douze volumes et un index, forme le XIIe et dernier volume.*

LA RÉVOLUTION FRANÇAISE
ET L'ABOLITION DE L'ESCLAVAGE

I

TRAITE DES NOIRS ET ESCLAVAGE

*

EDHIS
EDITIONS D'HISTOIRE SOCIALE
10, RUE VIVIENNE
PARIS

PREFACE

*Le problème du sort des Noirs dans les colonies et de l'esclavage en général ne date pas de la Révolution Française. Montesquieu, l'*Encyclopédie*, Turgot, Raynal, pour ne parler que de la France, sont des jalons qui tracent la route vers les réformes de la Constituante, de la Législative et de la Convention.*

Toutefois, de même que pour l'émancipation des Juifs, c'est la Déclaration des Droits de l'Homme et du Citoyen *qui a porté sur un plan strictement théorique et moral la question de l'abolition de l'esclavage dans les colonies et de l'égalité des droits entre hommes de toutes les couleurs. Le* « périssent les colonies » *si souvent, si injustement, si malhonnêtement reproché à Robespierre qui formulait une pensée énoncée déjà par Barnave et Dupont de Nemours préludait au célèbre* « la révolution sera morale, ou ne sera pas » *de Charles Péguy.*

La collection « La Révolution Française et l'abolition de l'esclavage » *ne reproduit que des textes antiesclavagistes et favorables à l'égalité des droits entre les hommes, quelle que soit leur origine. Nécessairement, le choix a été arbitraire, et les éditeurs savent à l'avance qu'il leur sera reproché soit la présence d'un texte, soit l'absence d'un autre. Pour les préliminaires, en plus des écrits de Henrion de Pansay et de C.L.M. de Sacy, ils auraient pu donner ceux de Montesquieu, ceux qui furent publiés dans les* « Ephémérides du Citoyen » *de 1766, ceux de Le Trosne, pour ne citer que ces trois. Mais il fallait se limiter, pour ne pas donner une ampleur démesurée à cette collection.*

De même, pour la période 1788-1793, les éditeurs ont

préféré renoncer à la réimpression des deux volumes de l'ouvrage classique de B. S. Frossard: « La cause des esclaves nègres et des habitans de la Guinée portée au Tribunal de la justice, de la religion, de la politique », *ainsi qu'à celle d'ouvrages traduits pour la plupart de l'anglais, ou bien encore ne traitant de la question des droits des hommes de couleur et de l'abolition de l'esclavage qu'incidemment: cahiers de doléances, écrits d'ordre général, comme par exemple* « L'Ecole des peuples et des rois, ou Essai philosophique sur la liberté, le pouvoir arbitraire, les juifs et les noirs» *de J.B. Sanchamau.*

Par contre, ils ont tenu à insérer intégralement dans leur collection, malgré leurs dimensions, des ouvrages d'une importance capitale, comme le « More-Lack, ou Essai sur les moyens les plus doux & les plus équitables d'abolir la traite & l'esclavage des Noirs », *de Lecointe-Marsillac, l'*Adresse *rédigée par Etienne Clavière au nom de la Société des Amis des Noirs, l'*Aristocratie Négrière *de l'abbé Sibire, les écrits de J. P. Brissot, de l'abbé Henri Grégoire, de l'abbé A. de Cournand, de Lanthenas, de Pétion, les brochures et pamphlets de Condorcet, Olympe de Gouge, Chaumette, B. S. Frossard, Lescallier, Viefville des Essars, la quasi-totalité des publications de la Société des Amis des Noirs, les écrits et rapports des délégués ou députés des hommes de couleur: Mentor, Raimond, Thomany, Toussaint-Louverture, et bon nombre de publications restées anonymes.*

Ainsi, l'ensemble des quatre-vingt-neuf titre intégralement reproduits dans la collection « La Révolution Française et l'abolition de l'esclavage » *tous choisis avec le plus grand scrupule, forme une bibliothèque sur le sujet, comprenant quelques titres restés jusqu'à présent inconnus de tous les bibliographes, tels le* Discours *et l'*Hymne des citoyens de couleur *de Lucidor F. Corbin* « créole révolutionnaire ».

Les éditeurs pensent donc avoir fait œuvre utile, et que, malgré ses insuffisances, leur collection « La Révolution Française et l'abolition de l'esclavage » *rendra service.*

Une table générale, et un Index des titres et des auteurs, joints au tome XII, rendront plus faciles les recherches et le maniement de la collection.

TABLE DU TOME I

MÉMOIRE

POUR UN NÈGRE

QUI RÉCLAME SA LIBERTÉ.

MÉMOIRE

POUR le nommé Roc, Nègre.

CONTRE le ſieur Poupet, *Négociant.*

L'humanité ſe révolte contre ces traitemens odieux que l'avidité du gain a mis en uſage.

Buffon, Hiſt. nat.

Cause en l'Amirauté de France.

IL n'y a point de crime dont l'homme n'ait à rougir, il n'y a point d'outrage qu'il n'ait fait à la nature, il n'y a point de maux qu'il n'ait fait à ſes ſemblables. Le plus grand, ſans doute, eſt d'avoir oſé attenter à leur liberté. Ce bien, le ſeul que l'homme apporte en naiſſant, qui peut ſeul le conſoler des maux attachés à ſa pénible exiſtence; ce bien ſi précieux lui eſt enlevé ſouvent même avant d'en avoir joui. A peine les ſociétés ſont-elles formées que la terre n'eſt, pour ainſi dire, plus qu'une vaſte priſon. Sparte tient ſous ſes loix féroces un peuple entier de malheureux. Et les Romains auſſi cruels envers leurs eſclaves, que lâches ſous leurs tyrans, inſultoient depuis ſix cents ans la nature, lorſqu'elle ſe vengea, en leur donnant les Néron & les Caligula. Nous nous le rappellons avec orgueil; braves, généreux & libres, les Francs n'eurent jamais d'eſclaves (1), mais ils dédaignoient les paiſibles travaux de l'agriculture; il leur falloit des cultivateurs, & ils eurent des Serfs. Bientôt cette eſpèce de ſervitude couvrit l'Europe entière; moins dure que l'eſclavage, elle devint pourtant auſſi funeſte,

---

(1) Au rapport de Tacite, *de Morib. Germ.* chez les nations de Germanie, on ne connoiſſoit que la ſervitude réelle. Les ſerfs n'avoient point d'office dans la maiſon. Ils rendoient à leurs maîtres une certaine quantité de bled, de bétail ou d'étoffe : l'objet de leur ſervitude n'alloit pas plus loin. Auſſi heureux, auſſi tranquilles que leurs maîtres, *vous ne pouviez les diſtinguer*, ajoute le même auteur. Si l'on a vu en France de véritables eſclaves, même après la conquête des Francs, c'eſt que les Romains y avoient introduit leur eſclavage, & que les vainqueurs s'étoient fait une loi de ne rien changer aux uſages des vaincus.

parce qu'elle fut plus univerſelle. Ce ſiècle des grandes découvertes qui a préparé tout ce que nous avons vu depuis, le XV ſiècle finiſſoit, la ſervitude alloit être enſevelie ſous les débris du gouvernement féodal, la liberté renaiſſoit de toutes parts, lorſque l'événement le plus inattendu, fit voir à l'Europe étonnée, des hommes, des pays & des crimes inconnus juſqu'alors.

L'Eſpagnol, auſſi avare qu'intrépide, aborde dans un monde nouveau. L'or du Pérou, tel qu'un funeſte taliſman, le change en frénétique; il maſſacre tout pour tout avoir. L'inſtant étoit arrivé où les crimes de l'Europe devoient ſe déborder ſur toutes les parties du globe. Dans le même-temps les Portugais franchiſſent les obſtacles qui avoient juſqu'alors arrêté l'ambition & découragé l'audace de tous les peuples; ils pénètrent juſqu'au Sénégal, forment des établiſſemens ſur les côtes de Guinée, en enlèvent les habitans, & vont en Amérique échanger l'homme (1) contre un vil métal.

(1) Cette marchandiſe-là eſt à fort bon compte. Un

La terre n'avoit point encore vû de pareilles horreurs; depuis trois ſiècles, nous les renouvellons; depuis trois ſiècles nous rempliſſons de crimes & de malheurs l'eſpace immenſe qui ſépare les deux tropiques; & la philoſophie, qui comme un aſtre bienfaiſant s'élève ſur notre horiſon, ne nous rend plus éclairés que pour nous rendre plus coupables.

Ainſi s'eſt formé le plus nouveau & le plus monſtrueux des commerces; ainſi, ce peuple ſi doux, ſi humain, le François, s'eſt avili juſqu'à commander à des eſclaves. Il faut le dire pour la gloire du bon,
Louis XIII. du juſte prince qui étoit alors aſſis ſur le trône de la France; il rejettoit avec indignation l'idée d'introduire l'eſclavage dans des lieux ſoumis à ſon empire. Il fallut

---

négre, piéce d'Inde, comme on les nomme, depuis 18 ans juſqu'à 30, ne revenoit autrefois en Guinée qu'à 30 ou 32 liv. en marchandiſes propres au pays, qui ſont des ſucres, des eaux-de-vies, &c. Depuis la concurrence en a fait hauſſer le prix. Un beau négre s'achète 60 & même quelquefois 100 liv. Rendu en Amérique, il ſe vend plus cher. Dans tous les temps cette eſpèce de marchandiſe a été à très-bas prix. La lampe dont Epictete s'étoit ſervi pour travailler, fut vendue après ſa mort beaucoup plus qu'il n'avoit été vendu lui-même.

intéresser sa piété, il fallut la mettre aux prises avec sa justice; il fallut lui persuader que c'étoit l'unique moyen de mettre ces hommes sous le joug de la foi (1).

On a pris sur l'autel les fers dont on a chargé ces malheureux; on s'est joué de ce qu'il y a de plus sacré sur la terre, la religion des peuples & la justice des Rois. Sans cette surprise sacrilège, nous n'aurions plus à rougir d'avoir des esclaves, & il n'y auroit aujourd'hui, à l'ombre des fleurs de lys, que des hommes heureux & libres.

Tel est le tableau historique de la servitude; telle est l'origine de notre législation sur les esclaves; origine impie, qui ajoute encore à l'horreur naturelle de l'esclavage. Celui des anciens dégradoit l'humanité; le nôtre est pis encore, il est contraire à la religion qu'il a jouée, à l'autorité royale qu'il a surprise, aux mœurs qu'il détruit, en autorisant le plus grand des crimes, celui d'enlever & de vendre un homme libre.

(1) Nouveau voyage du pere Labat en Amérique, tome IV.

C'eſt un attentat de cet eſpèce que l'on vient déférer à la juſtice.

Le nommé Roc eſt né dans l'iſle de Cayenne. Louis & Agnès ſes père & mère, Nègres originaires de Guinée, y jouiſſoient publiquement, à l'inſtant de ſa naiſſance, de la liberté qu'ils avoient recouvrée; c'eſt le ſeul bien qu'ils aient tranſmis à leurs fils. Déja il étoit dans la vingtième année de ſon âge; la pêche faiſoit ſa principale occupation. Il jettoit un jour ſes filets à une lieue du rlvage; un vaiſſeau Eſpagnol paſſe; le capitaine l'appelle, le flatte de l'eſpérance de vendre ſon poiſſon, l'attire par-là ſur ſon bord & ſe ſaiſit de ſa perſonne. Le vaiſſeau continue ſa route, aborde à la Louiſiane, où le cruel Eſpagnol a vendu ce malheureux à un François auſſi cruel que lui.

Depuis huit ans il traîne ſon exiſtence dans un injuſte & pénible eſclavage. En vain il a reclamé contre un pareil forfait; l'avarice, l'uſage, l'habitude de voir & de faire des malheureux, ont rendu tous les cœurs ſourds à ſon déſeſpoir, & la juſtice de ſa réclamation n'a ſervi qu'à rendre ſon joug plus peſant.

Enfin, le ſieur Poupet, ſon dernier maître, l'a choiſi pour le ſervir dans un voyage qu'il vient de faire en France ; ſa fidélité, ſon intelligence, ſon adreſſe lui ont mérité cette préférence ſur les autres Nègres de l'habitation. Il eſt arrivé à la Rochelle au mois de juin dernier. A la vue de cet heureux climat, l'eſpérance eſt rentrée dans ſon ame. Je ſuis libre, a-t-il dit, puiſque je ſuis parmi des hommes ſenſibles & juſtes.

De toutes les formalités que la loi preſcrit aux maîtres, à l'effet de conſerver leurs eſclaves en France, le ſieur Poupet n'en a rempli qu'une ſeule ; la déclaration au greffe de l'amirauté de la Rochelle. Son eſclave a auſſi-tôt interjetté appel de cette déclaration. La Cour a reçu ſon appel & a mis ce malheureux ſous ſa protection ſpéciale. C'eſt à l'abri de cette protection qu'il ſe défend aujourd'hui. Il demande que la juſtice répare l'ouvrage de la force ; il demande qu'elle le faſſe jouir d'une liberté qu'il a apportée en naiſſant ; d'une liberté dont la violence a bien pu ſuſpendre l'exercice, mais qu'il n'eſt pas au pouvoir des hommes de lui ravir. Il eſt né libre, & il en offre la preuve ; il eſt en France & il en réclame la franchiſe : voilà ſes moyens.

Il eſt né libre. On convient que l'on ignore comment on établit une propoſition de cette eſpèce. Prouver à des hommes qu'un homme eſt né libre : eh ! que pourroit-on ajoûter à ce que la nature dit à tous les cœurs ? Il eſt homme ; ce mot ne renferme-t-il pas la preuve la plus victorieuſe ? Encore une fois, il eſt homme ; voilà ſon titre : titre impreſcriptible, inaltérable : titre ſupérieur aux attentats de la force, aux ravages du temps, au pouvoir même des loix ; titre qui doit au moins impoſer à celui qui le conteſte, la néceſſité de la preuve contraire ; oui, c'eſt au maître à établir l'exiſtence de la ſervitude ; il ſuffit à l'eſclave d'alléguer qu'il eſt né libre : on ne peut pas l'obliger d'en rapporter la preuve ; il n'eſt pas poſſible d'abaiſſer juſques-là la dignité de l'eſpèce humaine.

Ce ſeroit donc au ſieur Poupet à prouver que l'eſclave qu'il réclame eſt né dans le ſein de la ſervitude ; mais on veut bien lui épargner ce travail. Son eſclave veut bien faire plus qu'il ne doit ; il offre d'établir que ſon origine eſt libre. Né à Cayenne, diſtingué par une taille avantageuſe, & par une force de corps extraordinaire, il eſt connu de la plupart des habitans de l'île : la plupart ont vu le crime commis en ſa perſonne : tous en ont frémi, tous ſont prêts à l'atteſter à la juſtice. Cette île eſt ſous la domination de la France ; la Cour peut y faire faire une enquête ; qu'elle l'ordonne : elle verra tous les habitans dépoſer en faveur de leur concitoyen ; elle entendra toutes les voix ſe réunir à la ſienne pour réclamer ſa liberté. Il demande par des concluſions préciſes à être admis à faire cette enquête. Lui ôter cette voie de recouvrer ſa liberté, ce ſeroit être preſque auſſi cruel que ceux qui la lui ont ravie. Il n'a point à redouter une pareille injuſtice: qu'il craigne plutôt d'avoir offenſé par cette demande l'humanité de la Cour : il n'a pas besoin des suffrages des habitans de Cayenne ; ses titres ne sont point au-delà des mers, ils sont dans le cœur de ses juges.

Ah ! si un pareil attentat avoit été commis contre un Européen, si un François avoit surpris & vendu le sieur Poupet à un Négociant de Tunis ou d'Alger ; tous les Tribunaux s'armeroient pour sa défense ; nos supplices déjà si cruels ne le seroient pas assez pour punir un crime aussi énorme ; & on ose entreprendre de le justifier, parce que c'est un négre qui en est la victime ! (1) Est-ce que la moralité de nos actions varie comme les climats ? Est-ce que ce qui est injuste sous une latitude, peut être juste sous un autre ? Instinct céleste ! émanation de la Divinité même ! conscience ! ne parlerois-tu aux hommes qu'un langage imposteur & bizarre ? Non : sa voix est par-

---

(1) Sur la fin du dernier siècle les habitans de nos colonies consultèrent la Sorbonne sur la légitimité d'un pareil esclavage. La Sorbonne répondit, qu'il étoit abominable. Les habitans répliquèrent qu'on voyoit bien que les docteurs n'avoient point de possession en Amérique, & ils ont continué depuis comme auparavant.

tout la même ; trop ſouvent elle eſt couverte par le tumulte des paſſions, mais rien ne peut la forcer au ſilence ; & dans le tems même que notre adverſaire plaidera contre nous, cette voix criera dans ſon ame, & réclamera contre tous ſes efforts.

S'il étoit quelqu'un aſſez ignorant ou aſſez prevenu pour croire que les Négres ſont d'une eſpèce inférieure à la nôtre, qu'il apprenne que ces hommes, l'objet de notre mépris, ſont la plupart dignes de commander à leurs tyrans, & d'être les modèles de leurs maîtres. Ils ont le germe de toutes les vertus, ils en ont porté pluſieurs à un degré d'énergie auquel nos ames affaiſſées par la moleſſe, n'atteindront jamais. Intrépides dans les tourmens, on a vu les bourreaux déchirer leurs membres ſans altérer les traits de leurs viſage (1), braves dans les combats, ils ont défendu nos poſſeſſions, ils ont verſé leurs ſang pour la

(1) Le père Labat dit en avoir vu brûler un : que ſes jambes & ſes cuiſſes *étoient crevées par la violence du feu*, & qu'il fumoit encore tranquillement ſa pipe.

gloire de nos armes ; & plus d'une fois l'Anglois libre & fier, a été accablé du poids de leurs fers (1).

Tels ſont les hommes que nous mettons au-deſſous des animaux les plus viles. On ne fera point le tableau des outrages dont nous accablons ces malheureuſes victimes de notre avarice ; de pareilles images offenſeroient la ſainteté des Tribunaux. Qui pourroit d'ailleurs, on ne dit pas peindre, mais concevoir toutes ces horreurs. Jettons donc un voile ſur ces triſtes objets ; imitons ce peintre, qui déſeſpérant de prononcer avec aſſez de vigueur le déchirement de la nature, couvrit le viſage de ce Roi mal-

(1) En 1703 ils prirent les armes pour la défenſe de la Guadeloupe, ils firent plus que le reſte des troupes françoiſes. Dans le même-temps ils défendirent la Martinique ſi vigoureuſement, que les Anglois qui y avoient fait une deſcente, n'oſoient s'écarter ni même ſortir de leur camp, &c.

Ils ont l'eſprit aſſez fin & très-cauſtique ; ils ont une éloquence ſimple & mâle, qui vaut bien celle des peuples policés. Lorſqu'ils ont quelques difficultés entr'eux, ils vont trouver leur Maître, expoſent leurs raiſons avec beaucoup de force & de briéveté, *ſans ſe choquer ni s'interrompre les uns les autres. Nouveau voyage du pere en Amérique*. Tome IV.

heureux, qui voyoit sa fille sous le couteau d'un prêtre barbare.

Le second titre de l'esclave qui est aux pieds de la cour, c'est qu'il est en France.

Il n'y a point de peuples qui n'ait ouvert quelques azyles aux malheureux; les palais des princes chez les uns; chez les autres, les autels des Dieux étoient des abris inviolables. La France entiere est le temple de l'humanité; dans tous les tems protectrice des Rois infortunés, elle se glorifie sur-tout d'être la libératrice des esclaves: si-tôt qu'ils touchent cette terre heureuse, leurs fers tombent, ils marchent les égaux de leurs maîtres. Tout est libre dans un royaume où la liberté est assise aux pieds du trône, où le dernier des sujets trouve dans le cœur de son Roi les sentimens d'un pere; où l'on ne connoît ni le despotime des monarchies, ni les orages des républiques. *Nul n'est esclave en France.* Voilà la maxime fondamentale. Maxime formée par une espece d'acclamation unanime, respectée par le temps, affermie par l'autorité : maxime peut-être la plus glorieuse à la nation &

au prince : tous les Rois ſont environnés d'eſclaves, & il ſuffit aux eſclaves pour être libres, d'approcher du trône de la France. Une galere Eſpagnole échoue ſur nos côtes ; trois cens Maures y ſervoient comme eſclaves, nuds, chargés de fers, la rame à la main ; ils ſe jettent aux pieds du Roi, & demandent à grands cris leur liberté. Henri II. aſſemble ſon Conſeil, conſulte les grands du royaume ; & malgré l'oppoſition de l'ambaſſadeur d'Eſpagne, malgré l'aſcendant que cette nation avoit alors ſur les puiſſances de l'Europe, le principe prévaut. Le Roi déclare libre les trois cens eſclaves, & porte la généroſité juſqu'à les faire reconduire dans leur patrie. Tandis que les hommes travaillent avec une eſpece de fureur à s'aſſervir les uns les autres, le beau ſpectacle qu'un monument élevé à la liberté par la main d'un Roi !

Long-temps avant Henri II, Louis X. avoit conſacré cette maxime par une ordonnance ſolemnelle. Cette ordonnance porte : « Nous conſidérant que notre » royaume eſt dit & nommé le royaume » des

» des Francs, & voulant que la chose soit » de la vérité accordante au nom... Avons » ordonné que toute servitude soit rame- » née à franchise. « Cette franchise est donc une loi de la nation? On diroit presque une loi constitutive: née dans les premiers siécles; nos peres nous l'ont transmise comme un dépôt sacré; les étrangers eux-même l'ont respectée (1), & un François travaille à la détruire.

Je conviens du principe, dit le sieur Poupet; mais ce principe a recu une exception par une loi postérieure, & je suis dans le cas de cette exception. Il est vrai que nous avons un édit (2) qui permet aux

(1) Les historiens nous ont conservé une multitude de faits qui confirment cette maxime; on voit que dans tous les temps elle a prévalu, non-seulement contre les François qui avoient amené des esclaves en France, mais contre les étrangers, même contre les ambassadeurs. Un ancien arrêt du parlement a déclaré libres les esclaves d'un des ambassadeurs qui étoit en France. Voyez le chap. 5 de la république de Bodin, liv. I. où la plupart de ces faits sont rapportés.

(2) Edit du mois d'octobre 1716, interprêté par une déclaration du 15 décembre 1738; ni l'édit, ni la déclaration ne sont enregistrés au parlement; cependant on trouve dans un recueil de réglemens pour l'Amérique, imprimé en 1745, à Paris chez les libraires associés, que

habitans des colonies d'amener des Nègres en France, en obſervant certaines formalités. Il eſt vrai que cet édit déclare que ces Négres ne pourront ſe prétendre libres par leur entrée dans le royaume : c'eſt uniquement ſur cette baſe que porte le ſyſtême de notre adverſaire. On la détruit d'un mot. Le ſieur Poupet ne s'eſt point conformé aux diſpoſitions de la loi ; d'ailleurs cette loi n'eſt point revêtue de la formalité de l'enregiſtrement.

La plus haute ſageſſe s'eſt fait entendre par la bouche de nos Rois. Ils ont dit : Nous ſommes les plus chéris des princes, ſoyons les meilleurs ; nous ſommes les plus grands, ſoyons les plus juſtes. Mais plus nous ſommes élevés, plus nous aurons de flateurs ambitieux, de courtiſans avides, de conſeils trompeurs & trompés. Un mot ſurpris peut faire vingt millions de malheureux ; ſi ce mot nous échappe, y aura-t-il un citoyen aſſez généreux, aſſez puiſſant pour faire

---

la déclaration a été enregiſtrée au parlement de Paris. C'eſt une érreur. Voyez cette déclaration dans le code de Louis XV. tome X.

parvenir la vérité jusqu'à nous ? C'est vous, ont-ils dit au Parlement, que nous chargeons de ce ministère redoutable & sacré. Né dans le berceau de la monarchie, toujours sage, toujours ferme, toujours incorruptible, environnez le trône, veillez sur la gloire du maître & le bonheur du sujet : soyez le premier dépositaire de notre volonté souveraine, & que la puissance législatrice parle à nos peuples par votre organe. Ainsi nos Rois se sont montrés plus grands que leur dignité même ; ainsi leur prudence s'est faite un égide contre la surprise ; ainsi s'est formé notre droit public. Mépriser la formalité de l'enregistrement, citer dans les Tribunaux une loi qui n'en n'est point revêtue ; c'est choquer la constitution, c'est tout à la fois manquer à la nation, & désobéir au prince.

Que notre adversaire cesse donc d'invoquer des loix impuissantes ; qu'il apprenne que des édits non enregistrés ne peuvent disposer de la fortune, de la vie, encore moins de la liberté d'un homme né sous la domination françoise : qu'il sache sur-tout, que c'eſt dans les affaires de la nature de celle-ci, que les magiſtrats aiment à faire l'application de ces principes. Telle eſt en effet la juriſprudence des Tribunaux. Telle eſt en particulier, celle de la Cour: que l'on en parcoure les monumens; tous ont accordé la liberté aux eſclaves, ſi-tôt qu'ils l'ont demandée. Tous atteſtent que l'édit invoqué par notre adverſaire, n'a porté aucune atteinte au principe : *qu'il ſuffit d'être en France pour être libre.* (1)

Au défaut d'enregiſtrement de la loi, ſe joint l'omiſſion des formalités qu'elle preſcrit. On voit dans cette loi même, combien elle a coûté au légiſlateur. On y voit combien l'eſclavage répugne au cœur ſenſible & bon du prince bien aimé qui l'a rendu: comme ſi elle lui eût été arrachée, comme

---

(1) On n'entrera point dans le détail de la juriſprudence, les exemples ſont inutiles lorſque les principes ſont auſſi certains. On peut voir les jugemens rendus ſur cette matière, dans le 13e. tom. des cauſes célèbres, dans la nouvelle collection de juriſprudence, au mot *Négre*, &c.

On y voit les juges chercher avec empreſſement tous les moyens poſſibles de favoriſer la liberté. On y voit ſurtout qu'il ne s'eſt jamais préſenté d'eſpèce auſſi favorable que celle-ci.

s'il eût voulu en quelque sorte la rendre inutile, il l'a environné d'obstacles, il a imposé des conditions, il a prescrit une multitude de formalités, il a voulu surtout que la plus légere omission rendît le maître indigne de la faveur qu'il lui accordoit.

Les habitans & officiers de nos Colonies, porte cet édit, *qui voudront amener ou envoyer en France des esclaves Nègres, seront tenus d'en obtenir la permission des gouverneurs généraux, ou commandans dans chaque île; laquelle permission contiendra le nom du propriétaire qui les amenera, ou de celui qui en sera chargé, celui des esclaves même, avec leur âge & leur signalement; & les propriétaires desdits esclaves, & ceux qui seront chargés de leur conduite, seront tenus de faire enrégistrer ladite permission, tant au greffe de la jurisdiction ordinaire ou de l'amirauté de leur résidence, qu'en celui, &c. & faute par les maîtres des esclaves d'observer les formalités prescrites par les précédens articles, lesdits esclaves seront libres, & ne pourront être reclamés.*

Telle eſt la loi qui permet d'amener des eſclaves en France. Telles ſont les conditions qu'elle a mis à cette faveur. Rien de ſi clair que cette loi, rien de ſi formel que la peine qu'elle prononce : *à défaut par les maîtres d'obſerver les formalités preſcrites, les eſclaves ſeront libres, & ne pourront être réclamés.*

Reſte donc uniquement à examiner ſi notre adverſaire a rempli ces formalités : le fait eſt certain ; il les a négligé toutes. Il n'a point obtenu la permiſſion du gouverneur des colonies : il ne s'eſt point préſenté au greffe de l'amirauté de ſa réſidence : il n'a donné ni le nom ni le ſignalement de ſon eſclave. Comment donc oſe-t-il réclamer une loi qu'il a ſi ouvertement mépriſée ? Comment oſe-t-il invoquer un édit dans lequel ſa condamnation eſt ſi textuellement écrite ? En un mot, cet édit formant une exception au droit naturel, au droit commun de la France, doit être ſévèrement renfermé dans les bornes qu'il s'eſt preſcrites. Or le ſieur Poupet a franchi ces bornes : il n'a point rempli les conditions que la loi lui imposoit, il s'est donc rendu indigne du bénéfice de cette loi. Ce moyen, quoique surabondant ici, est cependant si victorieux, qu'il suffit seul pour décider la contestation.

Si le sieur Poupet prétendoit que ces formalités ne sont pas de rigueur, & que cette disposition de l'édit est tombée dans une espèce de désuétude; nous avons à lui opposer la meilleure de toutes les réponses: c'est un jugement tout récemment rendu par la Cour elle-même. Un sieur Lefebvre avoit amené un nègre en France; il en avoit obtenu la permission du gouverneur des îles: cette permission contenoit le nom, le signalement de l'esclave; tout étoit en règle à cet égard. Mais il avoit omis de la faire enrégistrer dans le lieu de sa résidence, & la liberté fut accordée à l'esclave. Ce défaut d'enrégistrement de la permission, fut un des principaux motifs du jugement, & celui sur lequel le ministère public appuya ses conclusions (1).

(1) On ne rapportera pas les différents jugemens intervenus dans les affaires de la nature de celle-ci. Il suffit

Le ſieur Lefebvre n'avoit contre lui qu'une ſeule omiſſion, & la plus légère de toutes. Le ſieur Poupet, au contraire, a négligé toutes les formalités de l'édit; il a négligé ſingulièrement celle dont le défaut a opéré la condamnation du ſieur Lefebvre. Ainſi la prétention de notre adverſaire eſt proſcrite par l'édit même qu'il invoque. Diſons-mieux: tout concourt à ſa condamnation. L'origine de l'eſclave qu'il réclame, la franchiſe qui forme le droit commun de la France, le défaut d'enrégiſtrement de la loi qui fait ſon unique appui, l'omiſſion des formalités que cette loi preſcrit; tout s'élève, tout s'arme, tout ſe réunit contre lui.

Notre adverſaire nous oppoſe l'autorité des loix Romaines; on ne s'arrêtera point à les diſcuter; on ſoutient que leurs diſpoſitions, telles qu'elles ſoient, doivent être rejetées. On ſoutient qu'il faut livrer à l'indignation & à l'oubli toutes les loix des Romains ſur l'eſclavage. Comme celles

---

de dire que tous les jugemens que l'on connoît, ont décidés en faveur de l'eſclave.

du premier légiſlateur d'Athènes, elles ſont écrites avec du ſang; c'eſt l'ouvrage de la férocité (1), c'eſt l'opprobre de la raiſon. Dans un gouvernement pareil au nôtre, où règne avec l'humanité, la juſtice & la paix, de quel poids peuvent être les maximes de ces hommes, qui pendant tant de ſiècles ont tenu l'eſpèce ſous leurs pieds? qui dans le délire de leur ambition, croyoient que toutes les nations étoient faites pour ſervir, Rome ſeule pour commander; qui par un aſſemblage monſtrueux des plus grands crimes & des plus ſublimes vertus, ont inondé la terre de ſang, écraſé tous les peuples, avili tous les rois, & dont toutes les nations ont été tour à tour les ennemies, les alliées, & toujours les dupes & les victimes?

L'intérêt du commerce, ce lieu commun

(1) Par le Senatus-Conſulte *Sillanien*, ſi un maître avoit été tué, tous les eſclaves qui étoient ſous le même toit que lui, ou dans un lieu aſſez proche pour que la voix d'un homme pût être entendue, étoient indiſtinctement condamnés à mort. Cette loi avoit lieu contre ceux-mêmes dont l'innocence étoit prouvée. On confondoit ſous l'action de la loi *Aquilienne* la bleſſure faite à une bête, & celle faite à un eſclave. Pour comble d'infamie, on avoit lâché la bride à l'incontinence des maîtres, &c. Pour rendre les murennes plus délicates, les citoyens riches leur jettoient des eſclaves pour pâture, &c.

de toutes les affaires de la nature de celle-ci, forme un des principaux appuis du systême du sieur Poupet. Sans l'esclavage des Nègres, dit-il, l'exploitation de nos Colonies est impossible. Ce raisonnement que l'avarice ne cesse de répéter, est depuis trois siécles, un des plus cruels fleaux de l'espèce humaine. Eh ! qu'est-ce que toutes les productions de nos Colonies auprès de la vie des hommes ? Qu'est ce que l'intérêt de quelques commerçans, lorsqu'il s'agit de la destinée de nos semblables ? Loin de favoriser un commerce aussi barbare, nous devrions reculer d'horreur à la vue des superfluités que l'Amérique nous envoie : notre main devroit se dessécher en les touchant (1) ; ce sont les fruits de la ser-

(1) Tout est funeste dans l'esclavage ; il rend le maître cruel, vindicatif, orgueilleux ; il rend l'esclave lâche, fourbe, hipocrite ; quelquefois il le porte à des atrocités, dont sans lui, l'homme n'auroit jamais été capable. En voici un exemple entre mille. Un maître avoit trois fils encore enfans ; son esclave les porte sur le toit de la maison pendant qu'il en étoit dehors. A son retour, dans l'instant où il alloit rentrer, l'esclave précipite un de ces enfans sur le pere. Saisi d'horreur, il leve les yeux ; au même instant son second fils est écrasé de même : il conjure l'esclave d'épargner le troisieme : il promet tout. L'esclave

vitude, & l'arbre qui les porte eſt arroſé du ſang & des larmes de cent mille malheureux.

Mais il n'eſt pas vrai que l'eſclavage des Nègres ſoit néceſſaire à la proſpérité de nos Colonies. Ce raiſonnement eſt celui d'une politique auſſi étroite que cruelle. La ſervitude, telle qu'un volcan deſtructeur, déſſèche, brûle, engloutit tout ce qui l'environne: la liberté, au contraire, mène toujours à ſa ſuite le bonheur, l'abondance & les arts. Qu'on l'appelle en Amérique, & bientôt une population heureuſe remplira ces déſerts immenſes, où l'on ne voit aujourd'hui que des ſauvages, des eſclaves, des bêtes féroces & quelques Européens ſouvent au-deſſous d'elles.

Ce que l'on dit n'eſt pas étranger ici, puiſqu'il n'eſt pas étranger à l'humanité. On le répéte; l'eſclavage des Nègres ache-

---

lui déclare qu'il ne peut conſerver le dernier de ſes fils, qu'en ſe coupant le nez : ce pere infortuné fait ce que l'on exige de lui: à peine a-t-il le nez à bas, que l'eſclave & l'enfant tombent & expirent à ſes pieds. Ce fait eſt rapporté par Jovius Pontanus. S'il eſt vrai, comme le remarquent les Moraliſtes, que plus les nations ſe corrompent, plus le joug des eſclaves s'appeſanti : à quels maux ſont donc reſervés les nôtres ?

vera ce que la fureur des Efpagnols a commencé; & les nations Européennes n'auront que des déferts en Amérique, tant qu'elles y auront des efclaves.

Ici l'expérience eft d'accord avec le fentiment; une nation d'Amérique vient de déclarer libres tous fes efclaves, & ce facrifice à l'humanité, ne nuit pas à fes intérêts. (1) Un pareil exemple nous fera-t-il enfin rougir d'un efclavage auffi cruel que peu néceffaire? *Les Princes de l'Europe, qui font tant de Conventions inutiles, en feront-ils une enfin en faveur de la miféricorde & de la pitié.* (2)

Les Hiftoriens célébrent la protection que le Sénat d'Athènes accordoit aux efclaves. Puiffent nos Magiftrats mériter que la poftérité leur rende le même hommage! L'Aréopage protégeoit les efclaves; qu'ils faffent plus que l'Aréopage, qu'ils rendent libres tous ceux qui ont le bonheur de par-

(1) Ce font les Quakers de la Penfilvanie, province de l'Amérique Septentionale. Charles II, roi d'Angleterre, la donna au chevalier Pen en 1682, & c'eft d'où lui eft venu fon nom.

(2) Efprit des loix, liv. 15, chap. 5.

venir juſqu'à eux ; & que nos tribunaux ſoient pour tous ces malheureux un aſyle ſûr & ſacré.

Monſieur PONCET DE LA GRAVE, *Procureur du Roi.*

Me. HENRION DE PENSEY, Avocat.

DE FOISI, Procureur.

De l'Imprimerie de J. TH. HÉRISSANT, Imprimeur du Cabinet du Roi, 1770.

— 2 —

L'ESCLAVAGE DES AMÉRICAINS ET DES NEGRES.

PIECE

QUI A CONCOURU POUR LE PRIX de l'Académie Françoiſe, en 1775.

Par M. DE SACY.

Facit indignatio verſum. JUV. Sat. I.

A PARIS,
Chez DEMONVILLE, Imprimeur Libraire de l'Académie Françoiſe, rue S. Severin, aux Armes de Dombes.

M. DCC. LXXV.

AVERTISSEMENT.

L'ACADÉMIE a bien voulu, dans ſa Séance publique, témoigner que la lecture de cet Ouvrage lui avoit fait quelque plaiſir. L'Auteur ne ſe croit redevable de cette diſtinction qu'au choix du ſujet, qui eſt fait pour plaire à des Sages.

L'ESCLAVAGE DES AMERICAINS ET DES NÉGRES.

POEME.

L'AMÉRICAIN vivoit dans une paix profonde,
Et ne ſoupçonnoit pas qu'il fût un autre Monde ;
Errant ſur le rivage ou dans l'horreur des bois,
Connoiſſant peu le crime, il connut peu de lois ;
Indolent par principe, humain par habitude,
Vertueux ſans effort, & ſage ſans étude,
Regardant d'un même œil la vie & le trépas,
Il goûtoit le bonheur, & ne le cherchoit pas.
  Peuple trop fortuné ! ſur ta tranquille plage
Libère va porter la mort & l'eſclavage.

Il accourt : ſon audace a vaincu les haſards,
Et ſes palais flottans tonnent de toutes parts.
Vois fondre ſur tes bords ce conquérant avide :
Sa puiſſance eſt ſon droit, l'intérêt eſt ſon guide.
Le ſang coule déjà ſous le fer des bourreaux,
Tant d'Etats ſont changés en d'immenſes tombeaux.
L'Américain tremblant, en vain d'un pas agile
Au fond de ſes déſerts va chercher un aſile ;
On le pourſuit : il tombe, & ſon fier aſſaſſin
Le traite de barbare en lui perçant le ſein ;
Tandis que ſous les dents (*a*) des meutes dévorantes,
Palpitent des Incas les entrailles fumantes ;
Au milieu des gibets il élève un autel,
Sur des monceaux de morts invoque l'Eternel,
Et veut rendre les Cieux complices de ſes crimes.
C'eſt, la croix à la main, qu'il marque ſes victimes :
Le ſignal du ſalut eſt celui de la mort,
Et la loi des Chrétiens eſt la loi du plus fort.

(*a*) Les Eſpagnols jettoient aux chiens les entrailles des Indiens. Ils avoient inſtruit ces animaux à pourſuivre les Sauvages, & à les dévorer.

Pour ſauver les humains faut-il donc les détruire?
Et ſans les maſſacrer ne peut-on les inſtruire?
Sous leurs pas, il eſt vrai, les gouffres ſont ouverts,
Et leur fatale erreur les entraîne aux enfers.
Ah! s'il faut à ce prix leur vendre nos lumières,
Que ſert de leur ouvrir les céleſtes barrières?
Dieu vengeur! dans l'abyme où règne ton courroux,
Verra-t-on des bourreaux plus barbares que nous?...
Le meurtre ceſſe enfin . . . . . Quoi! l'orgueilleux Ibère
Permet à des humains de reſter ſur la terre!
Sa fureur défaillante épargne les vaincus! . . .
Non, non, ſa pitié même eſt un crime de plus.
« Ce Monde eſt né, dit-il, pour le bonheur de
» l'autre;
» Allez, vils inſtrumens des voluptés du nôtre,
» A la nature avare arrachez ſes métaux;
» En vous donnant des fers j'ai payé vos travaux.
Sous leurs coups redoublés la terre eſt entr'ouverte,
Ses flancs ſont habités, ſa ſurface eſt déſerte;
Elle voit des vivans raſſembler leurs efforts,
Pour deſcendre en ſon ſein, qui ne s'ouvroit qu'aux morts.

O terre ! dont jamais les entrailles ſacrées
Par des Peuples heureux ne furent déchirées,
Ouvre au fier Eſpagnol tes antres mugiſſans,
Vomis pour le punir tes funeſtes préſens,
Prodigue tes tréſors, comble ſon eſpérance:
Ta libéralité ſuffit à ta vengeance.
Bientôt regorgeant d'or ſes ſuperbes vaiſſeaux,
D'un fardeau dangereux fatigueront les eaux,
Et leurs flancs vomiront avec tant de richeſſes,
De cent tourmens divers, ſources enchantereſſes,
Les maux des citoyens, les querelles des Rois,
Et le ſombre égoïſme & le mépris des lois;
L'amitié n'aura plus que de mourantes flâmes;
L'intérêt en deſpote aſſervira les ames,
Et cédant ſon empire à ce maître nouveau,
L'amour, de déſeſpoir, éteindra ſon flambeau.
Déjà même Cérès & ſes triſtes Compagnes
Regrettent l'habitant des fertiles campagnes,
Qui, laiſſant ſa charrue au milieu d'un ſillon,
Trop docile aux ſignaux d'un fatal pavillon,
Sous un Ciel inconnu va chercher l'opulence,
Tandis qu'en ſes vergers il trouvoit l'abondance.
Sur les rives du Tage il reparoît enfin:
Il y porte de l'or, il y trouve la faim.
Riche & pauvre à la fois, le faſtueux Ibère
Etale avec orgueil ſa pompeuſe misère.

Il partit généreux, il revient inhumain :
La rage des lions fermente dans ſon ſein.
Vers les bords de l'Afrique il tourne ſa furie.
A quel prix ! juſtes Dieux ! ſa molleſſe eſt nourrie
De mets qui flattent moins les ſens que ſon orgueil ;
De cent mille Africains ce luxe eſt le cercueil.
En proie aux Eſpagnols, aux François, aux Bataves,
Le nouveau Continent n'a point aſſez d'Eſclaves ;
Nos beſoins, nos déſirs ſont plus vaſtes que lui :
Le Nègre y va traîner ſa chaîne & ſon ennui.
O rive de Guinée ! ô commerce exécrable !
Où l'homme, au poids de l'or, marchande ſon ſemblable.
Ton ſemblable ! . . non, non, barbare ! il ne l'eſt pas ;
Il n'eut point à rougir de pareils attentats.
Tyran ! tu n'es plus homme, après ce crime atroce :
Ne ſois pas plus cruel que le tigre féroce ;
Dévore ta victime, & ne l'enchaîne pas.
Entends-tu cet Eſclave invoquer le trépas ?
La mort, à ton exemple, eſt injuſte & cruelle,
De ton cœur implacable, image trop fidelle,
La tombe pour lui ſeul refuſe de s'ouvrir,
Et tu lui ravis tout, juſqu'au droit de mourir.

D'innocens orphelins une troupe éperdue,
Pour la derniere fois, vient jouir de sa vue:
Hélas ! on les sépare : ô comble de douleurs !
On leur envie encor des adieux & des pleurs.
Toi, qui pour les humains fus long-temps inflexible,
O Neptune ! arme-toi de ce trident terrible,
Que l'art audacieux, des ondes souverain,
Par ses vastes calculs a brisé dans ta main;
Venge, venge les mers du Tyran qui les brave,
Engloutis à la fois & le Maître & l'Esclave:
La mort pour un Captif est le bien le plus doux,
Le Nègre, en expirant, bénira ton courroux.
Mais il descend déjà sur ce triste rivage,
Où l'œil découvre encor les traces du carnage;
Soudain il est jetté dans ces gouffres affreux
De Peuples enchaînés sépulcres ténébreux.
Pénétrons avec lui dans cette horreur profonde;
Il va porter la foudre aux entrailles du Monde;
Par ses tremblantes mains le nitre renfermé,
Semble dans sa prison dormir inanimé;
La mêche près de lui lentement se consume,
Le spectateur frémit, le salpêtre s'allume,
Lance au loin les rochers & leurs vastes débris,
Ecrasent les forçats l'un sur l'autre engloutis.

Ciel ! j'ai vu treſſaillir ces montagnes tremblantes,
De ce Monde ébranlé colonnes chancelantes :
Sous cette voûte horrible un jour affreux nous luit,
Ce jour eſt effacé par l'inſtant qui le ſuit.
Là, des vents déchaînés les obſcures cavernes,
Là, des lacs ſouterrains les immenſes citernes
S'entr'ouvrent, & plus loin des torrens enflâmés
Entraînent les mineurs à demi conſumés.
Rival du Créateur juſques dans ſa colère,
L'homme creuſe un tartare au centre de la terre.
Fuyons de ces cachots, théâtre de forfaits,
Où la clarté du jour ne pénétra jamais.
L'humanité gémit au bord de ces abymes,
Et ces champs à ſes yeux offrent de nouveaux crimes.
Cruel ! où traîne-tu ces Nègres languiſſans,
Courbés ſous la fatigue & ſous le poids des ans ?
Ils expirent de faim (*a*), martyrs de ta molleſſe,
Au milieu des travaux qu'ordonne ta pareſſe.
Quel forfait a commis ce Caffre infortuné,
Par un Maître inflexible (*b*) à l'échafaud traîné ?

(*a*) La plupart des Colons ne donnent à leurs Nègres qu'un peu de chocolat pour les ſoutenir dans leurs travaux, depuis le lever du ſoleil juſqu'à ſon coucher

(*b*) La première fois qu'un Nègre s'enfuit, on lui coupe les oreilles ; la ſeconde, on lui coupe la cuiſſe ; la troiſième, on le punit de mort. *V. le Code Noir.*

D'une main vigoureuſe il a briſé ſa chaîne;
Déjà loin de nos yeux il fuyoit dans la plaine :
Eſt-il donc ſi coupable ? Offenſe t-on les Cieux,
Quand on ſait recouvrer un bien qui nous vient d'eux?
Eh quoi ! lorſqu'elle échappe à la ſerre cruelle,
La timide perdrix paroîtra criminelle ?
L'agneau ne pourra fuir dans un bois retiré
Le loup, ivre de ſang, & de ſang altéré ?
Tu n'es point né barbare, & ton ame ſenſible,
Aux cris de l'indigent n'eſt point inacceſſible;
Ta main ſous la chaumière, où gémit ſa vertu,
Va lui porter ſans faſte un ſecours imprévu.
Je te vois t'élancer du ſein de ta Patrie,
Affronter les Tyrans & les mers en furie,
Dans Tunis, dans Alger épuiſer tes tréſors,
Pour ſauver des Chrétiens, eſclaves ſur ces bords.
Citoyen bienfaiſant, & Colon tyrannique,
Equitable en Europe, injuſte en Amérique,
Outrageant la nature aux rives du Niger,
Mais aux pieds de l'Atlas, tout prêt à la venger,
On te craint en Guinée, en ces lieux on t'adore :
L'Européen te loue, & le Nègre t'abhorre;
Ton exemple aux forfaits ſaura trop l'enhardir,
Il apprendra de toi comme il faut te punir.

Le Nègre n'eſt point tel que l'ont peint tes caprices;

Il auroit eu nos arts, s'il avoit eu nos vices;
Auſſi brave que nous, mais moins induſtrieux,
Le fer a manqué ſeul à ſon bras généreux.
Son bien fut la ſanté, ſon code la nature;
Il vécut ſans beſoins, il mourut ſans murmure;
Adorant ſa compagne, & par elle adoré,
Heureux d'ignorer tout, heureux d'être ignoré:
Son ame par degrés ſe ſeroit agrandie,
Si ton joug odieux ne l'eût pas avilie.
Tremble, tremble qu'un jour dans ſon cœur abattu
Il ne trouve encor un reſte de vertu.
En vain dans tes cachots ta crainte le renferme,
L'excès du deſpotiſme en préſage le terme.
L'homme naît citoyen, & maître de ſon choix,
Sa fière volonté ne dépend que des lois.
Où l'on reçoit des fers il n'eſt plus de Patrie:
L'honneur ne deſcend point dans une ame flétrie.
Rois, craignez un mortel ſous le ioug avili,
L'Etat eſt à ſes yeux ſon premier ennemi.

O toi! jeune LOUIS, dont la paiſible aurore
Promet des jours ſereins au François qui t'adore,
Tu dois un grand exemple à cent Peuples divers.
Fais reſpecter nos lois dans un autre Univers:
Leur ſublime équité n'admet point d'eſclavage.
Briſe, briſe les fers du Nègre & du Sauvage;

Que ces infortunés ſoient libres à jamais,
Et retiens les Captifs à force de bienfaits.

Lu & approuvé, ce 18 Août 1775. CRÉBILLON.

Vu l'approbation. Permis d'imprimer, ce 20 Août 1775.
ALBERT.

DU COMMERCE
DES COLONIES,
SES PRINCIPES ET SES LOIS,

La Paix est le temps de régler & d'agrandir le Commerce.

1785.

INTRODUCTION.

LA récompenſe du travail ſerait meſurée ſur les produits de chaque territoire, & la nature du ſol donnerait par-tout des bornes à la population, ſi le Commerce n'était pas, entre les mains des Peuples, un reſſort univerſel qui ſert à établir une puiſſance indirecte d'une Nation ſur l'autre, & qui communique ſes impulſions juſqu'aux extrémités de l'Univers.

Sous ce rapport, le ſeul dont les hommes d'Etat puiſſent être frappés, la direction du Commerce ne doit pas être ſoumiſe aux vues des Négocians, dont l'unique ſyſtême eſt d'acheter à bas prix & de vendre cher : elle eſt un des principaux objets de l'adminiſtration publique, qui a pour but de multiplier les échanges & les travaux, & ne conſidere les Marchands que comme des êtres actifs, que le déſir de gagner rendrait nuiſibles à la Nation elle-même, ſi l'on ne ſavoit pas leur donner des occaſions de faire payer à l'étranger l'impôt de leurs ſervices.

Cependant les Lois commerciales de presque toutes les Nations ont été dictées par les Commerçans, parce que, dans des temps où les lumieres n'étaient pas généralement répandues, ils étaient à peu près les seuls que l'on pût consulter sur les objets de leurs diverses entreprises.

Il en est résulté de grandes contradictions entre l'intérêt commercial de chaque Peuple, & les Réglemens particuliers de son Commerce.

Colbert, dont le génie a plus influé que ne peut croire le vulgaire, sur la situation & la politique actuelle des principales Nations de l'Europe (1), avait devancé par ses lu-

---

(1) Colbert avoit attiré en France les Arts & l'industrie, que Louis XIV en chassa dans sa vieillesse. Les hommes habiles & pleins d'énergie qui passerent en Angleterre après la révocation de l'édit de Nantes, y porterent les grandes idées de Commerce & d'administration civile : délivrés de toutes entraves, leurs spéculations se porterent au degré le plus étonnant. C'est à leurs entreprises que l'Angleterre dut ses fabriques, son commerce, & ses navigations hardies. Maintenant que ces germes de prospérité se disposent à revenir dans leur pays natal, ne les en chassons pas par des idées rétrécies de monopole & de prohibition.

mieres tous ſes contemporains. Il penſait que la France, pour rendre les autres Peuples véritablement tributaires de ſon induſtrie, ne devait mettre dans la maſſe du Commerce que l'échange de ſon ſuperflu ; qu'en toute circonſtance, le Commerce des objets manufacturés étoit préférable à celui des matieres premieres, & que les encouragemens donnés à la pêche, les voyages du Nord, le cabotage des côtes de la France qui dominent ſur les deux mers, étaient les ſeuls moyens de fournir des Matelots à nos forces navales.

Avant lui, la France avait déjà des Colonies ; mais, ſoumiſes à des Gouverneurs propriétaires, vexées par des Compagnies excluſives, elles ne produiſaient rien à la Nation, & leurs établiſſemens languiſſaient.

Les Hollandais & les Anglais, déjà établis dans les Antilles, porterent aux Français, leurs voiſins, des ſecours en tout genre, & les Negres qu'ils firent ſortir de leurs Colonies pour aider aux entrepriſes de nos Cultivateuts, furent la reſſource & les premieres cauſes de la fortune de ces derniers.

Il fallut alors ſupprimer les Compagnies excluſives, & les Colonies reſterent à peu près ouvertes aux Navigateurs français & étrangers. C'eſt par des introductions interlopes d'eſclaves & d'inſtrumens aratoires, que ces Colonies commencerent à fleurir : mais à peine donnerent-elles des revenus, que les Français voulurent en bannir des rivaux dont la concurrence leur impoſait la néceſſité du travail & de l'économie ; ils demanderent de nouvelles lois prohibitives, afin de gagner beaucoup en peu de temps & ſans peine : ils ne réuſſirent dans leurs ſolliciations qu'en 1727. Ce fut l'époque du privilége excluſif en faveur des Négocians français.

La peine de galeres & la confiſcation des biens fut prononcée contre ceux qui favoriſeraient l'accès des étrangers ou des marchandiſes étrangeres dans les Colonies (1).

Auſſi-tôt les Armateurs de France abandonnerent toutes les autres branches de Commerce, pour ſe livrer à la navigation des Antilles & à la traite des Noirs, qui, pendant ſoixante ans, ont donné des profits toujours croiſſans, & dont il n'y a point eu d'autre exemple dans les annales du Commerce. Ils ont ainſi retiré tous les profits d'établiſſemens qu'ils n'avaient

---

(1) Lettres patentes de 1727 contre le Commerce étranger.

pas faits, qu'ils étaient hors d'état de ſaire, & que leur avidité ne ceſſait pas d'épuiſer (1).

Sous ces lois excluſives & barbares, toujours enfreintes par les Colons & les Adminiſtrateurs, toujours vainement réclamées par les Négocians, les Colonies ont éprouvé de grandes détreſſes : elles ſe feraient détruites, ſi la hardieſſe des ſujets & l'humanité de ceux qui gouvernaient, n'avaient pas bravé la rigueur de ces réglemens injuſtes qui s'anéantiſſaient par leur cruauté même. La navigation a été négligée, & tous les armemens qui exigent de l'économie, ont été abandonnés à des Peuples moins favoriſés par la Nature, mais excités par de meilleures lois.

Les Négocians de nos ports n'ont point ceſſé de s'enrichir & d'être remplacés par des hommes nouveaux, qui ſe ſont enrichis à leur tour, tandis qu'il a fallu quatre générations pour former ces grandes ſucreries qui ne ſont pas encore à leur plus haut degré de produit: la Colonie de Saint-Domingue n'eſt pas à la moitié de ſa culture. Ce retard eſt provenu du défaut

(1) Il eſt de fait que les Négocians de la Métropole n'ont pas introduit la moitié des Negres qui ont été apportés à Saint-Domingue depuis l'établiſſement de cette Colonie.

de Negres, & de la contrainte où les Planteurs ont été pendant soixante ans de jeter une partie considérable de leurs revenus, que les Négocians de France refusaient d'exporter (1). Ils ne voulaient ni souffrir que les étrangers en fissent des enlevémens, ni en donner aucun prix.

On a donc toujours été obligé de suspendre l'effet de ces lois injustes & de les modifier. Les guerres, les ouragans, les tremblemens de terre ont nécessité sans cesse l'admission des étrangers dans les Colonies françaises, dont les Marchands nationaux ne craignaient pas d'occasionner les pertes, sans pouvoir aider à les réparer. Enfin, le Commerce des bois & des salaisons, & l'exportation des melasses & sirops, ont donné lieu en 1768 à l'établissement de deux entrepôts, l'un au môle Saint-Nicolas pour Saint-Domingue, & l'autre à Sainte-Lucie pour les Isles du Vent.

Ces deux entrepôts exciterent les réclamations des Négocians de tous les ports du Royaume, qui criaient : *Les Colonies sont faites pour nous*, confondant toujours leur intérêt avec celui du Royaume : mais le Gouverne-

---

(1) Les sirops & melasses.

ment, rassuré contre ces clameurs par l'utilité évidente de ces nouvelles mesures, a cru devoir y persister. L'augmentation rapide de la culture & du Commerce national ont justifié sa prévoyance.

L'événement mémorable qui a rendu l'Amérique Septentrionale à elle-même, exige de nouvelles combinaisons politiques. Des peuples nouveaux, sobres, & navigateurs, qui ne sont riches qu'en denrées d'utilité premiere, se trouvant placés entre la France & ses Colonies de l'Amérique, ne tarderaient pas à rompre les barrieres qu'on voudrait leur opposer. Il vaut mieux accorder aux besoins respectifs de nos Colons & des Américains du Nord, tout ce qu'on peut céder sans blesser les intérêts de la Nation, que de causer, par des prohibitions mal entendues, une contrebande si générale qu'elle serait séditieuse.

En assurant à la Métropole tous les produits des Colonies, soit qu'elle puisse, ou ne puisse pas subvenir à leurs besoins, ce serait occasionne aux Colons des pertes qui ne tarderaient pas à se faire ressentir dans toute la nation.

Un Arrêt du Conseil d'Etat du 30 Août dernier, qui a supprimé ces anciens entrepôts du môle & de Ste. Lucie, & en a substitué d'autres en plus grand nombre & plus à portée d'être ſurveillés par l'Adminiſtration, permet aux étrangers d'importer dans nos Colonies des bois de charpente & merrains, des ſalaiſons de toute eſpece, du riz, des grains, des fruits, & des animaux vivans.

Les Négocians des villes maritimes diſent que par cette loi le Commerce eſt ruiné, la navigation détruite; que l'admiſſion des étrangers dans les Colonies eſt contraire aux principes de leur établiſſement.

Nous prouverons dans ces Mémoires, que, loin d'avoir à redouter de ſemblables inconvéniens d'une tolerance devenue néceſſaire & dictée par l'expérience, la politique, & l'humanité, il en réſultera les plus grands avantages pour toute la Nation, & qu'on accélérerait le moment de jouir de ces avantages, en ajoutant aux importations déja permiſes aux étrangers, celle des Negres de Guinée.

Pour diſcuter avec méthode ces objets d'une grande importance pour toute la Nation, examinons d'abord quelles ſont les lois prohibitives que l'on veut maintenir ou rappeler, & quel en a été l'effet relativement aux Colonies, à la navigation, & aux manufactures du Royaume.

DU COMMERCE
DES COLONIES.

PREMIERE PARTIE.

CHAPITRE PREMIER.

Contre les lois prohibitives appliquées aux Colonies Françaises de l'Amérique.

Le but que l'on se propose en établissant des Colonies, c'est de procurer de nouveaux debouchés aux marchandises superflues de la Métropole, en échange d'autres denrées utiles ou plus faciles à commercer.

Les colonies des Iles de l'Amérique font sortir tous les ans de la Métropole, des marchandises plus précieuses par la main d'œuvre que par leur matiere, & fourniſſent en échange des denrées qui ont une faveur décidée dans tous les marchés de l'Europe.

Pour conſerver ces deux avantages, falloit-il ſoumettre ces Colonies à un commerce abſolument excluſif ? Nous nous croyons bien fondés à dire qu'il ne le falloit pas, parce que, ſi jamais on n'avait ſuſpendu ou modéré cette excluſion, la fécondité des terres n'aurait pas elle-même ſurmonté les obſtacles que le privilége excluſif apportait à la cultivation.

Ces Colonies ſont entrepriſes par des Blancs & défrichées par des Negres eſclaves.

Elles ne produiſent que la moindre partie des choſes néceſſaires à la ſubſiſtance des Blancs.

Elles ne produiſent pas même ſuffiſamment de vivres pour les Negres.

Mais elles donnent en abondance des denrées précieuſes au Commerce.

La nation a-t-elle un véritable profit à leur fournir excluſivement tout ce dont elles ont beſoin ? Non : il ſuffit de s'aſſurer du plus grand debouché des manufactures nationales, & de la recette du produit des Colonies dans la plus grande extenſion poſſible.

Il n'eſt jamais utile d'enlever à la Métropolé, des comeſtibles ou autres objets de premiere néceſſité, pour les porter dans un autre hémiſphere, tandis qu'on les vendrait auſſi bien en Europe, & qu'on pourrait en trouver un emploi plus utile dans le ſein de la Nation même par l'augmentation de ſes fabriques (1).

Mais s'il était impoſſible à la Métropole de fournir des comeſtibles à ces Colonies à un prix convenable, ſi cela était demontré par l'expérience & par le raiſonnement; ne ſerait ce pas aller contre le but de ces établiſſement, que de s'y réſerver une fourniture excluſive?

Quand même les lois faites autrefois pour les colonies à ſucre euſſent été fondées ſur de meilleurs principes que celui de donner aux Négocians nationaux des occaſions ſans bornes de s'enrichir, ces lois auraient depuis long-temps ceſſé d'être applicables. Les greniers de ces Colonies ſont dans l'Amérique

(1) Il ne peut jamais être avantageux à la Nation de porter à Saint-Domingue des farines ou des grains; il ne faut y porter que des objets de fabrique. C'eſt dans l'Amérique Septentrionale que ſont les greniers naturels de toutes les Iles de l'Archipel occidental.

Septentrionale, les marchés où ſe vendent leurs produits, dans toute l'étendue du monde, & la recette générale de ces produits, dans le ſein du Royaume.

Les denrées que l'on exporte des Iles Françaiſes s'élevent chaque année à cent cinquante millions (1). Les habitations de St. Domingue fourniſſent les deux tiers de cette ſomme, qui, ſe prenant ſur les conſommateurs de tous les pays, forme en réaction une circulation que l'on ne peut calculer à moins de ſix cents millions : cette ſomme immenſe ſe répartit entre les Ouvriers & Manufacturiers en tout genre, les Prépoſés aux Fermes Royales, les Banquiers, Négocians, Navigateurs, les Colons & leurs ſubordonnés; enfin à un peuple innombrable, aux profits du quel les lois excluſives de toute importation étrangere ne tarderaient pas à apporter une diminution conſiderable.

Car pour produire il faut cultiver : empêcher les Colons de ſe procurer les fournitures dont ils ont beſoin au meilleur marché poſ-

(1) Sans y comprendre le prix des melaſſes & ſirops.

ſible, c'eſt empêcher la culture & tarir la ſource des richeſſes.

C'eſt du produit qu'il faut s'occuper, & non pas de la fourniture. Que les Colons bâtiſſent à peu de frais des magaſins & des ſucreries, tant mieux; qu'ils nourriſſent leurs eſclaves mieux & à meilleur marché, tant mieux; qu'ils achetent même des Negres de traite étrangere s'ils y trouvent du bénéfice, tant mieux encore, puiſqu'ils ne cultivent que pour la Métropole & ſelon ſes vues, & qu'après que toutes les Nations ont payé, en achetant leurs denrées, le tribut qu'elles devaient à leurs établiſſemens, le réſultat en eſt verſé dans les ports de la France (1).

Il faut conclure de ces verités, qu'il y a eu de grandes erreurs dans la maniere dont les Colonies des Iles Occidentales de l'Amérique ont été juſqu'à préſent dirigées, & la premiere de toutes a été l'établiſſement des lois prohibitives.

On allegue à ce ſujet un paſſage de Mon-

(1) Nous ne croyons pas devoir rappeler ici tous les principes de l'adminiſtration des Colonies, ils ſont connus déſormais, & viennent d'être parfaitement réſumés dans un Ouvrage d'un ancien Adminiſtrateur.

tesquieu : mais cet Ecrivain célebre, en traçant une idée générale sur les Colonies, n'a pas entendu qu'il ne dût être fait aucune attention à l'espece particuliere des Colonies à sucre, ni aux révolutions que subirait le Nouveau Monde, ni enfin à l'impossibilité d'approvisionner exclusivement des hommes qui vivent à deux mille lieues de la Métropole, & qui ont en abondance dans leur voisinage toutes les choses dont on les laisse manquer. Il dit ailleurs, avec plus de justesse, que les Insulaires doivent tirer leur subsistance de l'Univers entier.

Les lois prohibitives étant si nuisibles à nos colonies de l'Amérique, que l'unique ressource était de les enfreindre sans cesse, les Colons y ont résisté pour l'intérêt même de la Métropole, & les Administrateurs ont fermé les yeux sur des introductions qui ne pouvaient jamais être stériles ; enfin les établissemens se seraient anéantis, si des secours puissans ne leur avaient été fournis par les étrangers dès leur naissance & dans les interruptions que les guerres apportaient à la tyrannie du Commerce national.

L'esprit de faveur & d'exclusion est opposé à tout bon principe de Gouvernement ; & quand la néceſſité de prohiber n'eſt pas évidemment demontrée, on doit laiſſer ſubſiſter la tolérance & la liberté.

En fait de Commerce, de finances ou de manufactures, ceux qui ſoutiennent le ſyſtême de la liberté n'ont point de preuves à fournir, parce que c'eſt l'état naturel des choſes; c'eſt à ceux qui demandent le monopole ou le privilége, à démontrer que des raiſons d'état le rendent indiſpenſable; car les priviléges ſont odieux en eux-mêmes; il eſt de la ſageſſe du Gouvernement de les reſteindre toujours, ſans jamais les étendre.

Qu'eſt-il réſulté du Commerce excluſif de nos Iles en faveur des Négocians du Royaume? L'abandon de toute autre eſpèce de navigation, l'affaibliſſement & la diminution de la race des Matelots. Ce Commerce eſt devenu lucratif; mais la culture à été retardée: la fertilité des terres, l'intelligence, l'activité des Cultivateurs, des capitaux tranſportés ſur ces terres fécondes, de toutes les parties de l'Europe, ont à peine pu ſuffire à balancer les pertes & les préjudices qui réſultaient de ces lois barbares.

Sans ceſſe il a fallu les ſuſpendre pour éviter la ruine des établiſſemens. Or rien ne prouve mieux le vice des lois, que leur inexécution. Quand la raiſon publique s'éleve cinquante années contre des réglemens, le Gouvernement ſerait inexcuſable d'y vouloir perſiſter.

L'affluence des denrées commerçables qui viennent de nos Colonies, doit conſtituer une partie eſſentielle de la richeſſe publique, & il ſerait abſurde de la donner en profit & ſans réſerve à quelques particuliers qui ſe croiraient bientôt intéreſſés à diminuer la quantité de ces denrées, pour les vendre plus cher; c'eſt le patrimoine national.

Les Compagnies excluſives brûlent ce qu'elles ne peuvent exporter, de même pendant ſoixante ans les Planteurs de nos Iles ont été réduits à jeter dans les pâturages les matières dont les Négocians de France ne ſavaient & ne voulaient tirer aucun parti. L'intérêt du Royaume & celui du Commerce eſt qu'il y ait beaucoup de denrées commerçables & beaucoup d'hommes employés; l'intérêt particulier de chaque Négociant eſt de diminuer la quantité des objets commerçables, afin de les vendre plus cher, parce que c'eſt toujours la rareté qui établit le cher prix. Ainſi le Commerce excluſif nuit également aux Colonies & au peuple du Royaume.

Tirer des étrangers les objets que la Métropole ne peut fournir que difficilement & à un prix exceſſif, c'eſt augmenter dans la Colonie une proſperité toute à l'avantage de la Métropole, puiſqu'elle en retire plus de denrées & y trouve un plus grand debouché des ouvrages de ſes fabriques.

Les Colonies ne doivent exiſter que pour l'utilité générale de la Nation; mais cette utilité n'eſt point la conſéquence des lois prohibitives, qui ruinent à la fois les manufactures, le Commerce, la marine, & les Colonies, pour enrichir quelques particuliers, au préjudice du Commerce que ces derniers s'empreſſent de quitter.

CHAPITRE II.

Du Commerce, de la Navigation & des Matelots, des Négocians & des fabriques.

Le Commerce porte la puiſſance des Etats au delà de ſes bornes premieres (1); & l'utilité des échanges a fait naître la confiance néceſſaire que l'on donne aux commerçans; ils ſont à la fois les débiteurs & les créditeurs de la Nation; & lorſque les échanges qu'ils avoient projeté n'ont pu ſe réaliſer avec bénéfice, les lois viennent à leur ſecours, & leur ſont indulgentes. Le Cultivateur & l'Ouvrier font en ce cas le ſacrifice d'une partie de leurs travaux à l'utilité générale du Commerce, qui en réaliſe le prix.

Les ouvrages inférieurs, le caprice des conſommateurs, & la réciprocité des avantages entre les Nations voiſines, auraient rendu ces pertes très-fréquentes, ſi la puiſſance publique

(1) Les échanges donnent aux hommes & à leurs travaux, des ſubſiſtances & un prix que la Nature du ſol qu'ils habitent ne ſauraient leur promettre.

n'avait pas acquis de nouveaux reſſorts par la fondation des Colonies.

La bonne adminiſtration de ces établiſſemens conſiſte à multiplier les denrées coloniales, pour les revendre à l'étranger, & non pas à borner la fortune publique au plus grand bénéfice d'un petit nombre d'agens. S'il eſt demontré que le Commerce de nos Colonies occaſionne une circulation annuelle de ſix cents millions, il eſt également conſtant qu'il fournit aux finances du Royaume plus de cent millions de tributs annuels, qui ſe payent ſans efforts, parce que cette contribution publique eſt prélevée ſur les bénéfices du travail, & ſur les plaiſirs du luxe que procure la richeſſe. S'il exiſte quelque moyen d'éviter le malheur de demander au pauvre une portion de ſa ſubſiſtance & de celle de ſes enfans, pour ſoutenir les charges de l'Etat & les depenſes du Gouvernement, c'eſt en augmentant dans les Colonies une opulence qui reflue dans toute la Nation.

La converſion des marchandiſes de la Métropole en denrées coloniales n'eſt avantageuſe qu'à proportion de la ſuperfluité de ces marchandiſes, & de la difficulté qu'il y aurait à les vendre autrement. (1) Il peut donc être utile d'exciter les étrangers à porter dans les Colonies les objets qui sont chers en France, & que l'on ne peut en faire sortir qu'avec désavantage.

Les premieres importations de Noirs dans les Colonies Françaises de l'Amérique avant 1720, ont été faites par les étrangers ; c'est la Métropole qui en a retiré le fruit.

Les étrangers ont approvisionné sans cesse ces Colonies de toutes sortes de comestibles (1), & n'ont reçu en payement que des denrées inutiles à la France ; il en est résulté des

---

(1) Par conséquent la conversion ou l'échange des farines, de la morue, des bois, &c., ne peut pas être regardée comme avantageuse à la France, parce que ces objets ont une grande valeur dans le Royaume & s'y vendent facilement. Il n'en est pas de même des vins, des huiles, & des objets manufacturés, qui se vendent moins aisément que le sucre, le coton, &c.

(2) « Nos Colonies ont été abandonnées des natio-
» naux pendant les guerres, & ce n'a été qu'à force
» de travaux, d'intelligence & de privations, que les
» Colons sont parvenus à maintenir l'existence de leurs
» établissemens ». Instructions données à un Administrateur sous le ministere de M. de Choiseuil.

épargnes, des accroiſſemens de culture, des amas de denrées de qualité ſupérieure, dont la Métropole à retiré le prix; & nos Négocians, qui oſent ſe plaindre, ont encore enlevé tous les métaux & toutes les eſpèces numéraires que le Commerce Américain ſans ceſſe renouvelle & fait circuler dans nos Colonies.

Ils parlent toujours de pertes & des ſommes qui leur ſont dues, diſent-ils, dans les Colonies mais il eſt demontré que toutes les dettes de nos Colonies ne s'élevent pas au tiers d'une année de leur revenu; & la ſucceſſion rapide des raiſons de Commerce de nos Villes maritimes, prouve que beaucoup de nos Marchands ſe retirent ſans ceſſe & portent les ſommes qu'ils enlevent au peuple laborieux, dans ces grandes familles, cette oiſiveté, ces grandes charges, & ces biens honorifiques où tout ſe perd & s'engloutit au milieu des chimeres d'une vanité ſans bornes.

Si malgré les guerres & l'inſuffiſance des fournitures nationales, ſi malgré d'autres obſtacles & des abus ſans nombre, les Colonies ſont parvenues à remplir en partie leur deſtination, par la ſeule fécondité du ſol, aidée de l'intelligence des Planteurs, il eſt aſſez prouvé qu'il eſt indifférent que la culture ſoit miſe en mouvement par les Négocians Français, ou par la concurrence des Français & des étrangers, pourvu que le superflu des fabriques du Royaume continue de s'échanger en d'autres objets plus faciles à commercer.

Il est évident que la Métropole ne peut que gagner par les fournitures de comestibles, de bestiaux, & même de Negres que les étrangers feront dans les Colonies.

Nos Négocians demandent à fournir seuls : mais quels garans donneront-ils de cette fourniture, puisqu'il est une infinité d'objets qu'ils ne pourraient livrer à des prix convenables, & d'autres qu'il leur est impossible de fournir à aucun prix?

En demandant des lois toutes en leur faveur & qu'ils savent éluder dès qu'elles leur deviennent pénibles, qu'ils nous disent du moins quelle raison d'Etat nécessite ces lois. La Nation gagne-t-elle à voir périr dans les voyages de Guinée la moitié des Matelots qui y sont employés (1)? gagne-t-elle sur des

(1) On estime la perte des Matelots qui servent à la traite des Noirs, à la moitié pour un voyage de dix-huit mois, & celle des Matelots employés au Commerce des Antilles, à un cinquieme.

ſecours de comeſtibles que nos pourvoyeurs ne veulent accorder qu'après la diſette, pour en doubler le prix ? gagne-t-elle à obliger les Planteurs d'abſorber leurs revenus entiers pour nourrir leurs eſclaves, à les mettre ainſi dans l'impoſſibilité de recruter leurs ateliers, & d'acquitter à ces marchands qui ſe plaignent toujours, des engagemens uſuraires ? Enfin, n'eſt il pas ruineux de laiſſer perdre les denrées de qualité inférieure, qui ſuffiraient à payer les importations étrangeres de comeſtibles & de Noirs ?

Ne ſerait-il pas plus avantageux à la Métropole d'exciter ces importations & d'en retirer un revenu Royal, dont le produit ſerait appliqué à l'encouragement de la navigation & du cabotage ?

Quelle eſt la raiſon d'Etat qui pourrait déterminer le Gouvernement à ſacrifier à la cupidité de nos marchands tant d'objets de bien public & d'une ſi haute importance ? C'eſt, diſent-ils, qu'ils font un Commerce de *luxe & non pas d'économie* (1), *que c'eſt un vice*

---

(1) « Il nous eſt impoſſible de ſoutenir dans nos » armemens la concurrence des étrangers, parce que » les Français font un Commerce de luxe, au lieu que

inhérent à la nature des choſes, & que telle eſt leur maniere d'être.

C'eſt ainſi qu'ils mettent l'abus à la place du principe. Le vice dont il s'agit n'eſt point inhérent à la nature des choſes, mais à celle des lois prohibitives, trop favorables à la pareſſe, à l'ignorance, à la cupidité de ceux qui les avaient obtenues ; il eſt une ſuite de cet eſprit de faveur & d'excluſion, trop facile à s'introduire dans les Monarchies, & qui faiſait croire à Monteſquieu que les grandes entrepriſes de Commerce convenoient mal à ces Gouvernemens.

Supprimez le privilége excluſif, le vice ne ſubſiſtera plus ; la concurrence des étrangers, en tout ce qui n'eſt pas contraire à la richeſſe nationale, donnera l'exemple de l'économie à

» les étrangers font un Commerce d'économie ; que c'eſt » un vice inhérent à la nature des choſes, auquel il eſt » impoſſible de porter aucun remede : cela tient à la ri» cheſſe du ſol de la France, à la variété de ſes pro» ductions, & des jouiſſances qui en ſont la ſuite ; enfin » c'eſt parce que nous ſommes Français, & que telle » eſt notre maniere d'être ». Voyez Mémoire des Négocians au Miniſtre de la Marine.

Mais ſi *votre maniere d'être* eſt mauvaiſe, il faudrait en changer.

nos Armateurs, & leurs en démontrera la néceſſité.

Plus le ſol eſt abondant en productions variées, moins la main d'œuvre eſt chere. Elle n'eſt nulle part à plus bas prix qu'en France, & tout le tort eſt du côté de nos Armateurs, puiſque, malgré la fertilité de ce Royaume, une partie conſidérable du peuple y endure des privations inconnues aux journaliers d'Angleterre, d'Hollande, & des Etats Unis de l'Amérique. Les ſalaires de ceux-ci ſont mieux payés, & cependant les Armemens & la navigation ſe font à peu de frais & ne ſont point onéreux à l'Agriculture.

Attribuer ce déſordre & ces contradictions entre la richeſſe du ſol de la France & l'induſtrie commerciale de ce Royaume, au caractere des Français, c'eſt une injure gratuite que l'on fait à la Nation : de tels maux politiques ne proviennent que des erreurs du Gouvernement, trop facile à céder aux cris des Négocians ; ils ne proviennent que du Commerce excluſif des Iles de l'Amérique, qui, en donnant trop d'injuſtes profits, a cauſé le delaiſſement de tous les autres Commerces, & à fait négliger l'économie néceſſaire dans les armemens.

Il n'y a point de Commerce qui puiſſe ſe ſoutenir ſans économie ; & ſi les ſervices de nos Négocians étaient trop chers pour qu'il fût poſſible à la Nation & à ſes Colonies de les payer ſans s'affaiblir & ſe détruire, il faudrait recourir au ſervice des étrangers ; car pour que la Nation gagne, il ſuffit que les retours des navires ſe faſſent dans nos ports. Le Monde entier nous fournirait des Matelots : & ſi l'on employait à de nouvelles découvertes, à faire voyager en temps de paix les eſcadres royales, & à offrir au reſpect des Nations les plus reculées, le pavillon Français, qui, pendant la paix, paraît ſi rarement ſur les rivages lointains, toutes les ſommes qui proviendraient des tributs que nos voiſins payeraient volontiers pour naviguer dans nos ports & dans nos Colonies, nous ne tarderions pas à former des Navigateurs habiles, courageux & robuſtes, & nous n'aurions jamais à craindre ni la diſette des Matelots, ni l'abus des idées mercantiles qui attiédiſſent leur valeur (1).

(1) Cette idée doit paraître digne d'être accueillie du Gouvernement, parce qu'elle eſt analogue au caractère de la Nation, à la grandeur de la Monarchie, aux beſoins de notre Marine, & à la ſituation

La traite des Noirs, la vente du ſucre ont fixé toutes les attentions de nos Marchands; nos Colonies, qui devaient être fécondes au profit de la Nation entière, ne l'ont été que pour eux. » On a mis dans les mains des Mar» chands français le ſiphon avec lequel ils tirent » la ſubſtance de la Nation elle-même. Colbert » avait voulu leur en donner un autre pour » les étrangers; mais ceux-ci ont bientôt trouvé » les moyens de boucher preſque entierement » ce dangereux tuyau. »

Se pourrait-il qu'un Roi qui veille au bonheur de ſes peuples tardât long-temps à reconnoître que la cauſe ſecrete de la misère de beaucoup d'hommes laborieux, ſe trouve dans les vices du Commerce national? Voulant encourager le cabotage & les navigations qui peuvent former les gens de mer, il devenait indiſpenſable de mieux régler le Commerce des Colonies, & de le tourner entierement à

---

des Peuples voiſins, que leur ſituation doit rendre plus commerçans que guerriers, & qui n'ont jamais dû leurs proſpérités navales qu'à l'indulgence & aux fautes du regne de Louis XV. *Note d'un Officier général de la Marine de France.*

ſon but, qui n'eſt pas la richeſſe des Négocians, mais celle du Royaume.

En temps de paix, nos Négocians ont ruiné la navigation & tari l'eſpece des Matelots par le Commerce de Guinée & des Iles à ſucre (1). Sans ceſſe la Nation s'épuiſe à fournir à ce Commerce deſtructeur, des hommes qui ſont perdus pour elle.

En temps de guerre, la fourniture excluſive qu'ils réclament fait tomber, dès la première année, un tiers de nos Matelots dans les fers de l'ennemi (2); elle néceſſite des convois qui affaibliſſent notre Marine & occupent les vaiſſeaux qui ne devaient ſervir qu'à des combats; elle emploie encore des navires dont

---

(1) La moitié des Matelots envoyés en Guinées meurt pendant le voyage : un quart de ceux qui vont à St. Domingue y périt ou déſerte.

(2) Dira-t-on que cette perte eſt compenſée par le profit que fait un Marchand de Bordeaux à vendre aux Colons, en temps de guerre, un barril de farine cent écus, & *66* livres une paire de ſouliers, & à prendre en payement du ſucre à 10 livres le quintal; en ſorte que l'on a vu dans la guerre de 1756, à Léogane, 13 boucauds de ſucre ne pas ſuffire à payer un compte de fournitures qui n'avaient pas coûté en France plus de 50 écus.

l'Etat a besoin pour transporter les munitions & les armes nécessaires aux forces de terre & de mer. On a vu, dans la dernière guerre, la cupidité, les clameurs, & la résistance même de nos Armateurs retarder une campagne décisive, & prendre place entre les causes déplorables d'un revers inoui.

Nos Négocians ne se sont pas bornés à détruire la navigation & tout commerce d'écomie ; ce sont eux qui, par leur privilége exclusif d'acheter à bon marché & de vendre cher, ont fait tomber les bonnes fabriques. Assurés du débit, ils ont cessé de s'attacher à la qualité des ouvrages, & ont donné la préférence à des marchandises de bas aloi, qu'ils achetaient au rabais. N'ayant point de concurrens, il ne leur était pas difficile de vendre ces marchandises de rebut au même prix que les meilleures, substituant l'apparence à la solidité.

Mais c'est encore un de leurs moindres crimes envers les Ouvriers nationaux : car il ne faut pas croire qu'ils n'aient porté dans nos Colonies que des marcnandises françaises ; toutes celles qui donnaient plus d'espoir de bénéfice ont été préférées, les toiles de Saxe, de Silésie, celles de l'Irlande & de la Flandre, les Indiennes suisses & les toiles peintes en

Angleterre, les marchandiſes des Compagnies étrangères des Indes Orientales, ont été introduites par eux chaque année dans les Colonies françaiſes. Telles ſont les cauſes qui ont fait déſerter les ateliers du Royaume & ont empêché nos fabriques de lin & de coton de parvenir à la perfection qu'elles pouvaient acquérir & qui les auraient miſes, avec le temps, en état de ſoutenir la concurrence des toiles étrangères.

Toutes les fois que la loi prohibitive leur eſt avantageuſe, ils la font valoir; ſi elle leur devient contraire, ils l'enfreignent; & c'eſt ici que nous avons droit de leur reprocher que, ſachant le beſoin que nos Colonies ont de Negres, & que l'importation d'un Negre ſur une terre rivale eſt égale pour nous à la perte de deux, ils en ont porté plus de dix mille dans les Colonies eſpagnoles, dont le Gouvernement s'inſtruit à nos dépens & ſemble ſe prévaloir de notre pareſſe.

Eſt-ce donc par le déſir de ces hommes qui n'ont point de patrie que le Gouvernement doit ſe laiſſer conduire? N'eſt ce pas ainſi que la Nation voit périr ſes Matelots, détruire ſes manufactures, les habitations manquer de Negres, & les Negres d'alimens? Le Commerce exclusif dessèche tout, & dévore à leur naissance tous les germes de prospérité ; & lorsque le Gouvernement vient enfin à s'éclairer, lorsque, pour la première fois peut-être, ses lumieres semblent devancer celles des particuliers, tous les intéressés à la durée de l'abus font retentir leurs clameurs jusqu'au Trône du Souverain, ils osent lui demander hautement le privilége de se repaître toujours & sans mesure de la substance de ses peuples.

SECONDE PARTIE.

CHAPITRE PREMIER.

Du Commerce par les étrangers dans les Iles Françaises de l'Amérique. Motifs de l'Arrêt du Conseil d'Etat du 30 Août 1784, qui accorde dans ces Colonies plusieurs entrepôts aux navires étrangers:

LORSQUE les denrées des Colonies ne servaient qu'à la consommation de la Métropole & que l'on était obligé d'y porter des farines & autres objets de premiere nécessité, pour nourrir les Colons, il pouvait paraître dangereux de permettre aux étrangers d'y aborder, parce que la Nation faisant le sacrifice d'une quantité d'objets de premiere nécessité, résultans de son Agriculture, pour se procurer des superfluités, on devait craindre de voir ces superfluités, pour lesquelles on faisait des dépenses réelles, se perdre dans des écoulemens interlopes, & d'être ensuite obligé de les racheter cherement de l'étranger.

Cependant il est de fait constant que la faiblesse de notre Marine, l'indolence de nos Marchands,

Marchands, le découragement occasionné par le monopole de la Compagnie des Indes Occidentales, les guerres, & une infinité d'autres causes laissaient à cette premiere époque le Commerce de nos Colonies de l'Amérique presque tout entier entre les mains des étrangers, & que les Armateurs français ne s'y adonnaient que par intervalles & concurremment avec eux.

Le Commerce des Antilles avait alors en France des partisans & des contradicteurs; on trouve dans les Mémoires du temps :

« Que gagnons-nous dans le Commerce » des Antilles? Nous y portons nos farines, » nos vins, & ce que nous avons de plus » précieux; nous courons les risques des nau- » frages, nous bravons un climat ennemi, & » les influences d'un ciel qui brûle & qui dé- » vore; nous y perdons des Matelots; & tout » cela pour un peu de sucre & de café que » nous acheterions aussi bien des étrangers. » Quand même il nous en coûterait un peu » plus cher, ce ne serait rien en comparaison » des pertes & des embarras que l'on éviterait ».

D'autres disaient : « Pourquoi porter en » Amérique nos bleds & nos marchandises, » qui sont utiles dans le Royaume, pour avoir

» du ſucre & d'autres choſes dont on peut ſe » paſſer ? Nos Colonies reſſemblent à ces mai» ſons de campagne qui tôt ou tard rui» nent le propriétaire. « Enfin on a porté l'inadvertance juſqu'à demander dans le Conſeil de nos Rois à quoi ſervaient les Colonies.

Avec de telles idées le Commerce excluſif de ces Colonies devait être accordé, ſans contradiction, à ceux qui offriraient de s'en charger. *Tirons des Colonies ce que nous pourrons, diſait un Adminiſtrateur, avant d'être obligé peut-être de les abandonner.*

Mais ces Colonies ayant triomphé de toutes ces entraves, il a fallu s'éclairer. Ce n'a été que lentement : on a permis aux Marchands de ſaiſir les Negres de jardin, pour ſe payer de ce qui leur était dû, avant de reconnoître que, pour faire fleurir le Commerce, il faut que les Colonies ſoient bien cultivées, & que pour qu'elles ſoient bien cultivées, il y faut beaucoup de Negres.

Il a fallu que des garniſons fuſſent privées de vivres en temps de guerre, & qu'il fût impoſſible de leur en envoyer de la Métropole, avant que le Gouvernement s'apperçût que l'on pouvait décharger notre Agriculture du fardeau de nourrir entierement nos Colonies, en tolérant à propos les importations étrangeres. Mais combien n'a-t-il pas fallu de preuves & d'écrits avant que l'on ait reconnu qu'il n'était pas à propos que le Commerce gagnât beaucoup ſur les Colons, parce que, gagner ſur eux, c'eſt affaiblir les moyens de cultiver, & que ce n'eſt que du produit de la culture que la Nation & le Commerce peuvent retirer de grands profits ?

Nous ſommes maintenant arrivés à une heureuſe époque, où le Gouvernement eſt inſtruit de ces vérités.

Dans l'adminiſtration des Colonies, on ne peut admettre que deux principes.

Vendre dans les Colonies les marchandiſes qui, dans la Métropole, ne trouveroient point d'acheteurs.

Prendre en échange des denrées plus faciles à commercer.

Les farines, le bœuf & les viandes ſalées, la morue & autres poiſſons ſalés, les grains, le riz, les ſuifs, la cire, les cuirs, les bois de toute eſpèce, les chanvres & cordages trouvent beaucoup d'acheteurs en France : tous ces objets y ſont très-chers & très-recherchés, il n'eſt point avantageux de les porter dans les Colonies des Isles occidentales.

La Métropole perdrait à être privée de toutes ces choses, dont le manque ou le renchérissement pourrait être fatal à ses manufactures ; il faudrait les vendre trop cher aux Colons, qui, y employant une trop grande partie de leurs revenus, ne pourraient augmenter leur culture.

Cependant toutes ces provisions sont de premiere nécessité dans les Colonies ; il en est même que l'on ne saurait trop multiplier. Ce sont les grains & les salaisons pour la nourriture des Negres. Il y a trois cent mille Negres à Saint-Domingue ; & la vicissitude des sécheresses & des pluies, un dérangement de saisons que tout le monde apperçoit, & dont on ne peut donner de raison, ne permettent pas de leur faire trouver une nourriture suffisante & assurée dans les fruits & les racines que le pays produit.

Les ateliers ont besoin d'être augmentés, puisque la culture est encore bien éloignée d'arriver à son terme ; & si l'on augmente ces ateliers par de nouvelles importations de Noirs, il faudra de nouvelles importations de vivres.

Mais si dans le voisinage de ces Colonies privées de comestibles, & qui ne peuvent les tirer de la France sans diminuer les avantages que ce Royaume retire de leur établissement, il se trouvait des peuples nouveaux possesseurs de grands produits agricoles & capables d'importer à peu de frais dans tous les Ports de nos Iles les objets dont elles manquent, ne dirait-on pas que la nature les a placés là pour cette espèce de service, & que cette Providence qui rassemble les peuples & fournit à leurs besoins par les liens du Commerce, les a prédestinés pour alimenter des Iles où le bled ne vient point, & ne serait cultivé qu'au détriment de beaucoup de denrées précieuses ?

Si ces peuples n'avaient point de manufactures, ne dirait-on pas qu'il serait du plus grand intérêt pour la France de commercer avec eux, non seulement d'une manière directe, mais encore à l'aide de ses Colonies, qui lui rapporteront annuellement le montant de l'épargne qu'elles auront faite sur l'acquisition de leurs comestibles & de leurs bois à bâtir ?

Car cette épargne sera mise en culture,

dont le produit en ſucre, indigo, café & coton, ſera vendu par les François ou à leur profit dans tous les marchés de l'Europe.

Et ſi ces nouveaux fourniſſeurs prenaient en échange de leurs bois & de leurs comeſtibles des denrées qui ne conviennent point aux Négocians de la Métropole, n'admirerait-on pas les opérations de cette Providence, qui ne veut pas que rien demeure perdu dans la nature, & fait conſommer dans le nord de l'Amérique, ces ſirops & ces eaux-de-vie de ſucre qui appartiennent aux Français, mais dont leurs bons vins les diſpenſent de faire uſage?

Ainſi les ſubſiſtances de premiere néceſſité n'étant plus détournées en France de leur véritable objet, nos manufactures ne tarderont pas à refleurir, & les payſans du Limouſin & du Quercy redeviendront robuſtes en mangeant eux-mêmes les grains que l'avidité des Marchands portait à Saint-Domingue. La France vendra avec bénéfice à ſes Colonies les marchandiſes dont la main-d'œuvre eſt plus chere que la matière, & tous les peuples acheteront d'elle les denrées de ſes Colonies, qui ne coûteront à la Nation qu'une augmentation de travaux, & ſeront par conſéquent une ſeurce intariſſable de proſpérités dans tout le Royaume. Ainſi l'Amérique Septentrionale vendra ſes comeſtibles & ſes grains, & les Colons leurs ſirops, leurs eaux-de-vie, & autres matieres inférieures, ſans que les vignes & les diſtilleries de la France en reçoivent aucun préjudice; il en réſultera enfin une activité, une circulation, & des échanges multipliés de bonheur & de travaux entre la France, ſes Colonies, & ſes Alliés (1).

---

(1) Il eſt facile de préſenter l'apperçu de ces avantages.

On fabrique à Saint-Domingue pour cent millions de denrées commerçables; ce qui ſuppoſe au moins quinze millions en ſirops ou denrées de rebut, dont les Américains ſe contentent pour prix de leurs bois & de leurs comeſtibles. Il y a plus de moitié de différence entre le prix de ces comeſtibles & celui des mêmes objets que la France peut fournir. Deux quintaux de farine, achetés des Américains, ne coûtent que 25 à 30 livres: on aura donc pour 15 millions ce qui en coûterait 30 par les importations françaiſes.

Prix des ſirops & denrées inférieures, quinze millions, ci. . . . . 15,000,000 liv.

Economie, ſur l'acquiſition des comeſtibles, ... 15,000,000

Diminution ſur la mortalité des Ne-

Quels jours plus heureux pouvait-on promettre à la vertu du Roi, lorſqu'il a couvert de ſa protection puiſſante les Américains du Nord, opprimés par des Maîtres ſuperbes, qui abuſaient de l'empire qu'ils avaient uſurpé ſur les mers?

---

gres, par la meilleure qualité & la plus grande quantité des vivres, un cinquieme. Or il meurt chaque année un vingtieme de la otalité des Negres de Saint-Domingue, déduction faite des naiſſances; ce qui fait quinze mille Negres, dont le cinquieme eſt trois mille Negres à quinze cents livres, ci, ... 4,500,000.

34,500,000.

Cette ſomme, employée annuellement en nouvelles acqu ſitions de Noirs, en donnera vingt-trois m le, dont le travail, évalué à 300 l. par tête, donnera . . . . 6,900,000.

41,400,000.

Voilà donc un profit évident de quarante-un millions quatre cent mille livres par an, ſans dépenſes ni frais.

Et il en réſultera, dans les cultures & les échanges, une progreſſion que l'on ne peut apprécier.

Il n'en sera pas des avantages de ce Commerce comme des ventes de denrées coloniales faites par nos Négocians, dont le prix n'est pas toujours appliqué, à beaucoup près, à l'augmentation de la culture : le propriétaire de ces denrées en donne souvent une partie en payement d'objets frivoles ; il serait même dangereux que cela ne fût pas, parce qu'il faut faire vivre le pauvre, qui n'a pour patrimoine que la vanité des riches ; souvent une autre partie se perd dans des voyages de plaisir & dans le luxe de la Capitale ; souvent aussi va-t-elle s'engloutir dans les mers ou dans les faillites des Marchands. Mais les avantages que les Colons retireront du Commerce qu'ils feront avec les Américains septentrionaux, seront tous appliqués à la culture ; les melasses & sirops ne peuvent se vendre qu'aux Américains ; ceux-ci ne peuvent les payer qu'avec des bois & des comestibles, & les bois & comestibles ne peuvent être employés qu'en nature sur les habitations.

Deux autres considérations ajoutent à l'utilité de ce Commerce américain : 1°. un quart des équipages des navires français périt ou déserte à Saint-Domingue, & il n'est pas douteux que la mauvaise qualité des vivres de ces équipages a toujours contribué à cette perte de Matelots; nos Armateurs pourront désormais renouveler à peu de frais la meilleure partie de leurs provisions; 2°. les Américains pourront prendre en échange des vins, des étoffes, des objets de manufacture. L'occasion d'un Commerce fait naître d'autres occasions; la fréquentation amene entre les peuples, des habitudes réciproques; il pourra donc se vendre à Saint-Domingue un plus grand nombre de cargaisons françaises.

Les Américains prendront à Saint-Domingue, comme ils ont déjà fait, des chargemens entiers d'objets qui sans eux ne trouveraient point d'acheteurs, & ils donneront aux ports de cette Colonie la préférence sur tous les autres marchés qu'on pourrait leur ouvrir, à cause de la facilité qu'ils auront de payer avec des denrées abondantes dans leur pays & rares dans les Antilles. (1)

---

(1) J'ai fait à Newprovidence, disait un Américain, l'expédition d'un bateau qui m'a coûté mille dollars; j'y ai mis pour six cents dollars en bois, grains, salaisons, bétail, chanvres, résines & goudrons; j'ai vendu tout au Cap à un Négociant de Bordeaux qui y est établi, en échange d'un reste de

Ils acheteront des Anglais les fournitures de l'hiver, les gros draps & lainages; & des Français les habits de l'été. Peut-être porteront-ils à nos Colons de la biere, des cuirs,

---

cargaison de France, dont la vente languissait. Il m'a fait bon marché, parce que j'abrégeais le séjour & les frais de son navire dans la Colonie. Je lui ai vendu à bon compte par la même raison, & parce que les denrées que je lui livrais coûtaient moins à la Nouvelle Angleterre, que les cargaison qu'on est obligé de porter à Bordeaux pour y faire les mêmes emplettes. J'ai doublé mes fonds dans ce voyage : les Armateurs Français y ont aussi trouvé leur avantage, & y ont ajouté à leur bénéfice celui de la revente qu'ils ont faite aux habitans, des marchandises qu'ils ont achetées de moi, & sur le détail desquelles ils ont gagné plus de quinze pour cent. La France pourrait, au moyen de ses Colonies & en profitant de nos services pendant qu'ils sont encore à bon marché, doubler rapidement ses entreprises de Commerce.

Cet homme avait raison; il y aurait une fort mauvaise politique à ne pas profiter des services des Américains, pendant qu'ils sont, comme il le disait très-bien, *encore à bon marché*. Quand ces services deviendront chers, quand il y aura une réciprocité d'avantages entre les Américains & nous, alors on pourra les répudier : mais à présent que tous les avantages sont de notre côté, il y aurait bien de la mal-adresse à ne pas les saisir.

de la coutellerie d'Angleterre; mais, à coup sûr, ils acheteront de nos Marchands les vins, les denrées du levant, & celles de Provence & d'Italie.

Leurs ports étant ouverts à toutes les Nations, ils nous apporteront tout ce qu'ils auront à bon marché; mais ils prendront en échange ce qu'ils ne peuvent obtenir que de nous.

Or, si l'on considere la situation maritime de la France, ses productions, & celles des nations voisines, l'ancienne splendeur de nos Manufactures, celle qu'on peut leur redonner, & enfin la multitude de nos avantages territoriaux, on sera forcé de convenir que si, dans une foire générale des quatre parties Monde, tout le succès ne nous demeure pas, ce sera la faute de nos agens.

Mais à tous ces motifs qui ont donné lieu à l'Arrêt du Conseil d'Etat du 30 août dernier, il s'en joint un encore plus digne d'être remarqué; la nécessité, plus puissante que les lois. Il ne faut pas se persuader que les Américains auront été placés par la Nature entre la France & les Antilles, & qu'ils ne feront aucun Commerce dans nos Iles: hardis navigateurs, si on leur refuse l'accès des grands ports, il aborderont la nuit dans toutes les anſes, dans les trous de rochers, & y feront des débarquemens dangereux; ils enleveront les denrées précieuſes que l'on doit réſerver au Commerce national: rien ne pourra les empêcher de faire ces enlevemens interlopes; car il eſt impoſſible de garder dans tous les points une côte de cent cinquante lieues; abordable par-tout, on ne peut pas l'enceindre de barrières.

Les Colons leur prêteraient aſſiſtance; & plus la prohibition ſerait ſévere, plus ils auraient d'intérêt à la braver; car la prohibition fait naître *le cher prix*, & le cher prix eſt l'attrait de la contrebande.

Or, ſi le nombre des délinquans eſt plus grand que celui des obſervateurs de la loi prohibitive, cette loi n'eſt rien que le plus ridicule & le plus mépriſable des abus.

Le ſeul moyen de régler le Commerce des Américains avec nos Colonies, c'eſt de le rendre public, c'eſt de permettre à leurs navires d'aborder dans les plus grands ports; ils y ſeront ſurveillés: donnons-leur promptement un bénéfice légitime, de peur qu'ils ne ſoient tentés de s'en attribuer d'autres plus dangereux.

Hâtons-nous, pendant qu'il en eſt temps

encore, ne leur laiſſons point de prétexte de ſe ſouſtraire au joug modéré qu'il eſt néceſſaire de leur impoſer.

L'Arrêt du 30 août était un réglement indiſpenſable, il eſt ſalutaire dans toutes ſes parties, & ſi l'on pouvait y trouver quelque choſe à redire, ce ſerait une ſorte de reſpect pour de vieux préjugés qui ſont autant d'abus. Croit-on que les Colons payeront quarante francs un quintal de mauvaiſe farine de Nantes, tandis qu'ils pourraient avoir à quinze francs la fine fleur de Philadelphie? L'attrait d'une telle contrebande eſt trop grand pour que l'on y puiſſe réſiſter.

Il eſt bien vraiſemblable auſſi que les Américains ne viendront pas acheter à Bordeaux le ſucre, le café & l'indigo néceſſaires pour leur conſommation. N'aurait-il pas été à propos de prendre cet objet en conſidération, & de fixer, par exemple, les qualités & la quantité des denrées qu'ils pourraient exporter (1), afin de réſerver les qualités ſupérieures

(1) On pourrait permettre à chaque navire au-deſſus de 150 tonneaux, d'exporter cinquante boucauds de ſucre de la ſeconde qualité, à la charge d'un droit qui ne pourrait être moindre de ſix pour cent, & de même à proportion de la grandeur des navires.

au Commerce national, & d'impoſer ſur ces exportations limitées un droit ſuffiſant pour qu'ils ne puſſent pas, en cas de revente, ſoutenir la concurrence de nationaux.

Il eſt une derniere eſpèce de Commerce qu'il ſerait enfin indiſpenſable de leur permettre; c'eſt la *traite des Noirs*. A ce mot, nous devons nous attendre à de nouveaux cris de ralliement de la part de nos Négocians; mais ſans nous arrêter à leurs diſcours, tâchons de démontrer que la traite de Noirs par les Français n'eſt qu'un impôt ſur la Nation, dont les Colonies ſont le prétexte, & dont il ſerait facile & avantageux au Royaume de ſe voir délivré.

CHAPITRE II.

De la traite des Noirs.

Les Colonies des Iles Occidentales de l'Amérique sont cultivées par des Negres; leur nombre est la mesure des travaux, & leur travail est celle des produits.

Plus il y aura de Negres, plus il y aura de terreins cultivés. Les Colonies Anglaises ne sont pas aussi fertiles que les nôtres, mais des ateliers nombreux leur font produire de grands revenus.

De tous les Marchands de Negres, les plus habiles sont les Anglais : ils les achetent à bon marché, se les procurent en peu de temps, & les vendent à proportion de cette diminution de frais. Un Negre brut, qui se vend deux mille livres à Saint-Domingue par les Traiteurs français, ne vaut que la moitié de ce prix à la Jamaïque.

Les Anglais ne font pas la traite des Noirs dans les mêmes lieux ni de la même maniere que les Français; ils n'emploient pas à ce

Commerce les mêmes marchandises ni les mêmes valeurs que nous.

Est-il avantageux au Commerce de la Métropole de vendre les Negres aux Colons à des prix exorbitans? Non; car si la même somme qui paye dix Negres pouvait en payer vingt, l'augmentation de la culture serait double, & l'augmentation des produits suivrait dans la même proportion.

Est-il avantageux à la Nation que les Negres soient importés à Saint-Domingue par des Français? Non; car ce n'est pas le bénéfice de la vente qu'il faut considérer, mais le produit du travail des Negres vendus. Peu importe qu'un Negre vienne de la Côte d'Or ou des bords du Niger; qu'un Juif d'Angleterre ou de France l'ait acheté du brigand qui, sous le nom de guerrier ou de Roi, l'avait réduit en captivité, pourvu qu'au bout de l'année il ait produit la somme de travail qu'on devait en attendre.

Cependant nos Négocians ne veulent pas céder à ces raisons. Le privilége de vendre des Negres de Guinée à Saint-Domingue est-il donc si précieux, que, pour le conserver, on doive faire des efforts? Ils aiment mieux que les Colonies ne soient pas cultivées, que du n'être pas ſeuls à y fournir des Negres ; plus il en meurt, plus on en manque, plus ils ſe réjouiſſent, parce qu'ils les vendent d'autant plus cher, & ils ne peuvent les vendre cher que par la ſévérité du privilége excluſif ; car ils abondent dans les Colonies Anglaiſes, & y ſont à bon marché (1).

Mais eſt-il de l'intérêt national, eſt-il même convenable dans un ſiecle éclairé de leur accorder excluſivement ce Commerce ? Eſt-ce le genre de négoce dont les Français doivent ſe montrer jaloux, ſoit à cauſe de ſes opérations, ſoit à cauſe de ſes produits ?

C'eſt un Commerce deſtructeur & vicieux, & qui, s'il n'était pas dangereux & contraire à la proſpérité publique ſerait au moins effrayant pour les mœurs ?

Quand on voit les Negres ſur les grandes habitations de Saint-Domingue, ayant chacun leur jardin qu'ils cultivent à leur profit, leurs

---

(1) Nos Marchands ont porté ſucceſſivement le prix des Noirs de mille livres payables en trois ans, à 15,00 livres payables en dix-huit mois, & de 15,00 livres à 2,000 livres, dont un tiers comptant, le reſte dans l'année : enfin ils ne veulent plus en vendre qu'à 2,400 livres, & ne font que ſix mois de crédit.

poules, leur bétail, un habit de toile fine pour les jours de fête ou de repos, se livrer, après le travail, au plaisir d'être ensemble, danser ou causer de leurs amours; l'esclavage ne paraît plus une injustice. Si l'on ôte à l'esclave l'indépendance & la propriété, il perd en même temps la prévoyance & les soucis qui tourmentent la vie. Il y a tant d'hommes qui n'ont pas le courage de s'appartenir & l'esprit de se conduire, que la plupart seraient heureux d'avoir un maître riche, chargé de prévoir leurs besoins physiques, & qui eût un intérêt personnel à leur conservation. Les Negres des Colonies sont moins malheureux que les Journaliers de l'Europe, qui, n'ayant rien & ne pouvant compter sur rien, n'existent que pour craindre & souffrir. Mais quand on considère de quelles iniquités les Noirs ont été les victimes avant de passer à cet état de travail, d'insouciance & de tranquillité, l'esprit se révolte & le cœur se resserre; un mouvement d'horreur s'empare de toutes les facultés de l'homme à qui l'avarice n'a pas fait perdre tout *sentiment de compassion* (1).

(1) Mille despotes faibles & inconnus se partagent la côte d'Afrique. Les combats & quelques traditions

Quand on ſe rend à bord des navires de nos Marchands de Negres, c'eſt là que l'on

---

fondent leur ſouveraineté. L'adulation de nos marchands de Negres leur donne le nom de Rois, les Anglais les appellent Chefs. Les diſſentions que les Européens ſuſcitent ſans ceſſe entre ces Chefs, cauſent les guerres, les guerres, l'eſclavage; l'eſclavage, la traite; la traite, la dépopulation.

Elle eſt telle à préſent, que les rivages ſont déſerts, & qu'il faut aller chercher des eſclaves juſqu'à deux cents lieues dans l'intérieur des terres. Dans les plus grandes & les moins barbares de ces miſérables hordes que nous appelons Royaumes, les lois ne ſont que l'avarice du Prince, & ſes richeſſes la vente des réfractaires. Tout délit & toute faute eſt un prétexte de confiſquer & de vendre le délinquant, & le Souverain étant tout à la fois le Juge & le vendeur, on ne doit pas s'étonner de ſa répugnance à trouver des innocens.

Les artifices que les Capitaines de nos navires de Guinée ſe permettent pour faciliter la traite & multiplier au profit des Rois Negres les prétextes de faire des eſclaves pour les vendre, ſont infinis, & le récit en ſerait trop pénible & trop humiliant. En un mot, quand un grand navire eſt ancré ſur la côte d'un de ces petits Royaumes, les maſſacres, les guerres, les rapts, & les confiſcations ne donnent point de relâche aux malheureux juſqu'au moment de ſon départ.

On arrache la fille des bras de ſa mere, qui avale ſa langue & s'étrangle de déſeſpoir; les fils ne peu-

reconnaît les traits de l'eſclavage & ſon ignominie. Réduits à la condition des animaux,

---

vent plus ſecourir la vieilleſſe de leur pere ; celle qui ſe croyait au jour de ſon mariage, eſt ſéparée de ſon amant. Le premier coup de canon, dont le bruit ſe prolonge & ſe répete en frappant les rochers du rivage, ſemble être un ordre funebre qui ne laiſſe de pouvoir aux ſentimens de la Nature, que pour accroître les ſupplices des infortunés : les convulſions du déſeſpoir qui les ſaiſit, ne peuvent émouvoir les acheteurs féroces qui les chargent de fers & les entaſſent les uns ſur les autres dans la cale de leurs navires. C'eſt là que l'on entend les pleurs & les ſanglots ; c'eſt le ſéjour infect & ténébreux de la douleur amere, où l'homme n'a pas beſoin de parler pour faire comprendre quel eſt l'abîme de ſon malheur.

La contagion & la mort n'y donnent point de treve, & le ſommeil n'y peut entrer. La garde y eſt auſſi vigilante que le déſeſpoir eſt affreux ; des hommes farouches, armés de chaînes & de fouets, y réaliſent ce que la fable nous raconte de l'activité des Furies : mais enfin quelquefois le Ciel eſt juſte, & la Nature venge ſon outrage. Les cruels, que l'appât de l'or entraîne à choiſir pour métier la pratique infame d'acheter, d'empriſonner, & revendre des hommes, ſont immolés à la haîne qu'ils inſpirent, ou plutôt à l'équité terrible.

Le métier des brigands a-t-il rien de plus affreux & peut-il jamais finir d'une maniere plus ſiniſtre ? Et voilà la meſure de crimes que nous voulons diſputer à des

il ne leur reste pas même la derniere prérogative de l'homme, celle de parler & de communiquer leurs sentimens : étrangers à leurs tyrans & au pays où on les conduit, étrangers les uns aux autres & tirés à la ronde des cantons où l'on parle des idiomes différens, ils ne peuvent s'expliquer que par signes ; l'ignorance de leur sort ajoute à leur infortune ; la plupart croient qu'on va les égorger, & le plaisir que leur cause la vue des autres Negres de nos Colonies, joyeux & bien vêtus, doit donner une idée de toutes les angoisses dont ils ne sont que sortir.

Laissons donc aux étrangers, laissons à nos ennemis politiques ce que ce Commerce peut avoir de lucratif, afin qu'ils se chargent aussi de ce qu'il a de détestable & de vil. (1)

---

marchands étrangers ! Ah ! plutôt rejetons sur eux cet odieux Commerce, & n'achetons des esclaves que pour adoucir leur malheur. Le Musulman qui achete un forçat pour bêcher ses jardins, n'est pas odieux s'il le traite avec humanité ; mais le Pirate qui l'enchaîne & le vend, est un mortel abominable.

(1) Il y a des hommes que ces considérations ne peuvent toucher ; & lorsque M. Turgot, Ministre & Contrôleur général des Finances, ne voulut pas laisser porter son nom à un navire de Nantes destiné à ce

Mais des hommes aux yeux desquels le gain ennoblit tout, ne sont pas jaloux de rejeter sur autrui ce que ce négoce, malheureusement nécessaire, peut avoir de honteux; l'houneur est le premier des sacrifices qu'ils font à la cupidité; & toutes les fois qu'il s'agit de leur intérêt personnel, la bienséance n'est pas plus ménagée que l'intérêt du Commerce ou celui de l'Etat (1).

Commerce, l'Armateur aima mieux en changer le nom que la destination.

(1) Comment pourroit-on excuser les fraudes dont nos Négocians font faire l'apprentissage à leurs agens dans le Commerce de Guinée? Avant de mettre les Negres en vente, plusieurs Chirurgiens s'occupent à répercuter les symptômes de toute nature qui pourroient attester à l'acheteur les maladies de leur sang. Après un déjeûné où l'avarice prodigue les liqueurs fortes & les mets qui peuvent exciter à boire un vin choisi pour enivrer, on conduit les acheteurs dans une partie du navire où l'on a porté l'obscurité, sous le prétexte d'opposer des obstacles à la chaleur du jour. Les Negres, rasés dans toutes les parties de leur corps, afin de les rajeunir, sont frottés d'une huile noire, qui rend les plus malades semblables à ceux qui jouissent d'une santé robuste; ils vont mourir sur les habitations, victimes de ces maux que l'on avoit cachés.

La traite des Noirs eſt onéreuſe à la France, elle emploie des marchandiſes de prix, tandis que nos rivaux dans ce négoce le font avec des choſes de peu de valeur; ils ont des matières qu'il nous eſt difficile de nous procurer; leurs comptoirs & leurs établiſſemens ſur la côte leur facilitent des moyens d'économie.

La valeur des cargaiſons françaiſes pour la côte de Guinée, & l'argent qu'elles font ſortir du Royaume, ne ſont pas les plus grands inconvéniens de ce négoce; la perte de beaucoup de Matelots mérite l'attention du Gouvernement.

Nos Négocians arment de grands navires pour la traite des Noirs; les étrangers n'y emploient que de petits bâtimens: le ſéjour des navires ſur la côte eſt proportionné à leur grandeur, & la mortalité eſt une ſuite de la durée de la traite.

Dix mille Noirs que les Français importent dans nos Colonies de l'Amérique avec beaucoup de peine pendant chaque année de paix, ne donnent à répartir entre les Armateurs qu'un bénéfice d'environ deux millions. Cette ſomme étant égale au cinquieme du capital employé à ces armemens, ſemble être un bénéfice exceſſif; mais elle n'eſt que la compensation d'une infinité de périls; & en supposant que la concurrence étrangere dût leur enlever ce profit, ne le retrouverait-on pas dans l'épargne que les Colons feraient sur leurs acquisitions de Negres; épargnes qui les mettraient en état d'en acheter un plus grand nombre, & par conséquent de donner au Commerce plus de denrées à exporter. On serait dispensé de toute mise dehors, & des risques de la navigation, & de la perte de beaucoup de Matelots (1).

---

(1) En évaluant la perte que nos Négocians trouveroient à ne plus faire le Commerce de Guinée, à leur millions par année de paix, il convient de voir ce que la Nation gagnerait à abandonner ce Commerce aux Armateurs étrangers.

La traite occupe 4,500 Matelots, dont la moitié périt en Guinée ou dans les Iles; économie de Matelots, ci, . .	2,750 hom
Les Colons se procureraient les mêmes Negres à un tiers de moins, ci, . .	3,330,000 liv.
Intérêts de cette somme, épargnés & employés à la culture à 8 pour 100, ci, ...	264,000
Intérêts de dix millions que les Négocians employeraient à d'autres Commerces à 9 pour 100 pour dix-huit mois que durent les voyages des Français en Gui-	

Eſt-il néceſſaire d'enrichir dans un ſeul voyage les Capitaines qui vont en Guinée ? Eſt-il indiſpenſable de rendre ce voyage ſi coûteux, que ni les Colons ni la Nation n'en puiſſent ſupporter les frais ?

Les Colons en voulant acheter les Négres de Guinée au meilleur marché poſſible, ne déſirent rien de contraire aux intérêts de la Nation ; ce qu'ils demandent eſt conforme aux vues du Gouvernement. Ils ne veulent que les moyens de cultiver plus de terres, d'où il réſultera un plus grand profit pour l'Etat & pour les Négocians eux-mêmes.

Que les Négocians laiſſent aux étrangers l'importation des Negres de Guinée, puiſqu'ils ne ſavent point en faire la traite, & que leurs ſervices & leurs crédits ſont trop chers. D'ailleurs ils ſont obligés de tirer de l'étranger beaucoup de marchandiſes pour ce Commerce, ou d'y ſubſtituer des objets de prix ; ce qui tourne au détriment de la Mé-

---

née, ... 900,000. liv.

4,494,000.

L'Etat gagnerait donc 4,494,000 livres, & 2750 Matelots, au lieu de perdre par l'abandon qu'elle feroit aux Etrangers du Commerce de Guinée.

tropole, qui fournit ces objets, & des Colonies, ſur leſquelles on les reprend avec uſure. Et comment pourrait-on ne pas s'appercevoir que nos Armateurs Négriers ſont déſormais dans l'impuiſſance, non ſeulement d'augmenter, mais même de recruter les ateliers de nos Colonies ?

Il y avoit à St. Domingue ſeulement trois cent mille Noirs avant la derniere guerre, qui a duré cinq ans. Il eſt certain que la mortalité des Negres excede les naiſſances de près de la moitié, & ce n'eſt ni la faute des Colons, ni la rigueur de la diſcipline des habitations, mais une ſuite des ſouffrances que les Negres endurent dans la traite, & de ces diſettes fréquentes de vivres auxquelles l'Arrêt du 30 Août dernier a voulu remédier. Par l'effet de cet Arrêt, on a lieu d'eſpérer que les renaiſſances de Negres gagneront peu à peu le niveau de la mortalité; mais les dénombremens les plus ſûrs atteſtent que, dans l'état préſent, il perit chaque année une vingtieme des Negres employés à la culture, & qu'il ne naît qu'un ſur quarante. La Colonie de St. Domingue a donc perdu pendant la derniere guerre plus de trente mille Negres; & tant que cette guerre a duré, les importation de Noirs ont été suspendues.

Les Colons ont donc à réparer cette perte, & à remplacer encore le déficit annuel de dix mille Negres qui meurent de plus qu'il n'en renaît, & à augmenter leur ateliers pour accroître la culture.

De tels besoins exigent au moins pendant cinq années une importation de quarante mille noirs; & il est évident que nos Armateurs sont hors d'état d'y suffire.

Après cinq années d'importations libres & considérables, la population des Noirs pourra prendre enfin le niveau de la culture, les Negres, mieux nourris, mieux vêtus par la prévoyance des nouvelles lois, se multiplieront plus aisément, & l'on pourra enfin renoncer pour toujours à ce Commerce cruel, dangereux, & pénible de la traite des Noirs, qu'il est d'ailleurs impossible de faire durer longtemps desormais (1).

(1) Cette perspective ne plaira peut-être pas à nos Armateurs. Un de ceux de Nantes, à qui l'on faisait observer que l'Arrêt du 30 Août était une loi d'humanité, & qu'il en résulterait que les Negres, mieux nourris, mourraient moins & peupleraient davantage, répondit froi-

Il a été introduit beaucoup de Negres par les étrangers dans les Colonies, mais jamais leur concurrence n'a empêché la vente d'aucune cargaison françoise, & il n'est pas à craindre que cela puisse jamais arriver. Les Colons acheteront à tout prix tous les Negres qu'on leur présentera, parce que ce sont les instrumens de leur culture, & qu'ils regagnent par le temps ce qu'ils paraissent perdre en achetant trop cher. Dans cette situation il serait contraire aux intérêts de la Métropole de prohiber aucune importation de Noirs qui pourrait se faire dans les Colonies, soit par les nationaux, soit par les étrangers. Il suffit de fixer une ligne de démarcation entre les uns & les autres, & de maintenir la faveur qui est due aux nationaux, en les dispensant d'un droit établi sur chaque tête de Negres apportés par les étrangers.

N'est-ce pas une bonne politique que d'encourager le Commerce & l'Agriculture des

---

dement : Voilà le mal, cela fera tomber le Commerce de la côte, qui est la richesse de nos meilleures maisons; & si l'on avait pensé de même il y a trente ans, je n'aurais pas fait fortune.

Colonies, & de décharger ce Commerce des principales dépenses, de toutes les entraves, & des risques & pertes, pour ne lui laisser que des bénéfices assurés (1)?

Les Colons verraient avec plaisir destiner les impôts qui seraient mis sur les importations étrangeres, à la restauration de la pêche, du cabotage, & du Commerce du Nord, que les gains trop grands & trop peu légitimes du Commerce exclusif des Iles de l'Amérique, ont fait abandonner par nos Négocians.

Rétablir les branches de Commerce trop négligées, régler sagement celles qui sont plus productives, & en diriger les moindres rameaux aussi loin qu'ils puissent s'étendre; entretenir par des moyens économiques les liens reciproques qui doivent nous attacher à nos Alliés, redonner à nos manufactures de nouveaux germes d'activité, au négoce des matieres nouvelles, à la Nation des Matelots, à nos arsenaux tout ce que le sol épuisé leur refuse; tel est le tableau que présente l'administration actuelle de notre Commerce mari-

---

(1) La premiere science du Commerce est d'en diminuer les risques. *Mortimer's Elements of the trade, &c.*

tine, & nos Armateurs ſeraient d'autant plus blâmables de réſiſter à de ſi ſages projets, que l'on a commencé par les délivrer de tous les obſtacles dont ils avaient été environnés par d'anciens Réglemens. On n'a rien négligé pour aſſurer à leurs travauxde juſtes récompenſes; on ne s'oppoſe qu'à l'abus que pluſieurs d'entre eux voudraient faire d'une profeſſion utile & digne d'être honorée.

FIN.

TABLE.

Fin de la Table.

— 4 —

L'ESCLAVAGE

DES NÉGRES ABOLI

OU

MOYENS

D'AMÉLIORER LEUR SORT.

Traitez les Hommes de la même maniere que vous voudriez vous mêmes qu'ils vous traitassent.

Evang. selon S. Luc. Ch. 6. §. 4.

A PARIS,

Chez FROULLÉ, Libraire, quai des Augustins.

1789.

L'ESCLAVAGE DES NÈGRES ABOLI, OU MOYENS D'AMÉLIORER LEUR SORT.

DANS le tems où une nouvelle lumiere vient éclairer les esprits dans toute l'Europe ; où l'Assemblée Nationale Françoise a déja détruit dans le Royaume l'hydre de la féodalité ; où elle a constaté les Droits de l'Homme, & reconnu que *Dieu a créé tous les hommes libres ; que cette liberté ne doit être altérée que par les chaînes qu'ils se donnent eux-mêmes volontairement, pour empêcher le plus fort d'attenter à la liberté, à la vie ou à la propriété du plus foible ;* nul esclavage ne doit plus subsister que pour des malfaiteurs condamnés suivant les Loix. En conséquence la liberté doit être rendue à cette multitude d'êtres malheureux, nos frères, quoique de couleur différente, que la cupidité Européenne enleve annuellement depuis près de trois ſiecles aux côtes d'Afrique, & condamne à une captivité éternelle, aux travaux les plus rudes, & aux traitemens les plus rigoureux.

Des intérêts politiques, des droits de propriétés que l'on enfreindroit, ſi l'on rendoit tout-a-coup la liberté aux Nègres dans nos Colonies, ſont ſans doute de grands obſtacles à l'effet des vœux que l'humanité forme en faveur de ces malheureux Africains.

Si la Nation Françoiſe interdiſoit entiérement la Traite des Negres; ſi elle rompoit en même-temps les chaînes de tous ceux qui exiſtent dans nos Colonies, ce ſeroit donner une ſecouſſe trop violente au commerce; ce ſeroit riſquer la perte de ſes plantations dans les Colonies, & la navigation immenſe qu'elles alimentent. La diminution que cette opération occaſionneroit dans les revenus de l'Etat, ſeroit énorme. Ce ſeroit encore ruiner les habitans des Colonies, dont les Negres eſclaves ſont une propriété; & quelque odieuſe que ſoit cette propriété, on ne peut les en dépouiller ſans injuſtice.

D'ailleurs ſi la France ſeule faiſoit une ſemblable opération, elle ſe rendroit tributaire des autres Nations qui poſſedent des Colonies à ſucre,

& qui conſerveroient leurs eſclaves. Ces Nations profiteroient de la diminution de notre culture pour augmenter la leur, & nous ſerions forcés d'acheter d'elles une denrée dont la conſommation nous eſt devenue d'une néceſſité abſolue.

Il faudroit donc préalablement traiter avec toutes les Nations européennes qui poſſedent des Colonies, & que, d'accord enſemble, toutes convinſſent d'abolir l'eſclavage. Mais cet accord ſeroit peut-être impoſſible à conclure, ou au moins, n'y parviendroit-on vraiſemblablement qu'après des négociations qui emporteroient un temps conſidérable.

Il me ſemble que ſans attendre le ſuccès incertain d'une pareille négociation; ſans renoncer entierement à la Traite des Noirs; ſans priver les habitans des Colonies de leur propriété, & ſans riſquer leur ruine, celle de nos plantations ni la perte d'un commerce immenſe, qui fait une des principales richeſſes de l'Etat, on peut trouver un moyen conciliatoire par lequel la France pourroit ſeule donner à l'Univers l'exemple de l'anéantiſſement de l'eſclavage; & le voici.

Je propoſe d'aſſimiler l'eſclavage des Negres à celui des ſoldats, par un engagement à temps au bout duquel la liberté leur ſera rendue. On ne peut pas ſe diſſimuler que l'engagement d'un ſoldat eſt un véritable eſclavage, puiſque dès l'inſtant qu'il a contracté ſon engagement, juſqu'à ſon expiration, il ne peut le rompre ſans être puni de mort; que durant tout cet eſpace, il n'eſt maître ni de ſon temps, ni de ſes actions; qu'il eſt ſoumis, ſous peine de punition, à une obéiſſance aveugle aux ordres de ſes ſupérieurs; qu'il eſt aſſujetti à des fatigues, à des dangers, à s'expoſer ſouvent à une mort preſque certaine. Mais il ne ſonge point qu'il eſt réellement eſclave; il s'y accoutume; un très-grand nombre renouvelle ſes chaînes avant même l'expiration du premier délai; beaucoup d'autres quittent à l'époque fixée, & reçoivent leur congé avec joie; Néanmoins, on voit un un grand nombre de ceux-là, au bout de quelques mois, former de nouveaux engagemens. Enfin d'autres déſertent, aux périls de leurs vies, des corps où ils ſe déplaiſent, & la plupart d'eux vont auſſitôt reprendre les mêmes chaînes dans d'autres corps.

Cet eſclavage n'eſt pas contraire aux droits de l'homme, puiſqu'il eſt contracté librement, volontairement & pour un terme limité, excepté celui de la milice. S'il étoit ſupprimé, on ne ſeroit jamais ſûr d'une armée ; il n'y auroit plus de ſubordination, & elle eſt abſolument néceſſaire dans les troupes pour le bien général.

Elle eſt également néceſſaire de la part du Negre vis-à-vis de ſon Maître, qui, ſans cela, ſe verrroit expoſé à chaque inſtant à des pertes conſidérables par la déſertion de ſes eſclaves.

Les Negres ne pouvant être également retenus dans les fers qu'un temps limité, ne ſeront donc pas plus eſclaves qu'un Soldat : comme lui ils ſeront obligés à l'obéiſſance pendant la durée de leur engagement ; ils ſeront aſſujettis à des travaux d'un autre genre, il eſt vrai, mais proportionnés à leurs forces. Toute la différence entre ces deux eſpèces d'eſclaves, c'eſt que le premier engagement des Negres ne ſera pas volontaire ; mais ceux qu'ils contracteront enſuite le ſeront. Je vais l'expliquer, & je ne fais aucun doute que le plus grand nombre des Negres ſe porteront, ainſi que les ſoldats, a renouveller librement leurs engagemens.

Pour exécuter cette propoſition, il faudroit promulguer une Loi qui décideroit ; 1°. qu'à dater de telle époque, les Noirs tranſportés d'Affrique dans nos Colonies ne pourront être vendus, qu'à la condition aux habitans qui les acheteront de leur rendre leur liberté au bout de dix ans, & de donner alors à chaque Negre ou Négresse une somme suffisante pour payer son passage pour retourner dans sa patrie. Cette somme sera fixée par la loi, & sera d'abord déposée au greffe du lieu par l'habitant. Il sera tenu de délivrer au Negre un acte de liberté qui y sera enregistré. Le Negre sera tenu de déclarer devant le Juge s'il entend retourner dans sa patrie ou rester dans la Colonie. Dans le premier cas, on le fera embarquer sur le premier vaisseau qui partira du port le plus voisin pour l'Europe; la somme déposée sera remise au Capitaine qui en retiendra celle fixée par la loi, pour le transport du Negre d'Amérique en Europe, & remettra le surplus au Commissaire de la Marine du port où il abordera, lequel fera partir ce Negre par le premier vaisseau qui fera voile pour les côtes d'Afrique, & délivrera au Capitaine, pour le paiement de son transport, le reste de la somme déposée pour cet objet. Dans le second cas la somme sera délivrée au Negre, qui sera maître d'exercer dans les Colonies telle profession qu'il lui plaira, ou de se rengager au service de tel habitant qu'il voudra.

2°. Lorsqu'un Negre, après l'expiration du premier engagement, en voudra contracter un nouveau, soit avec le maître qu'il aura quitté, ou avec un autre, l'habitant & lui se présenteront devant le Juge ; ils conviendront réciproquement & librement des conditions de l'engagement dont il sera dressé acte ; mais ce nouvel engagement ne pourra être plus long que de cinq ans, au bout desquels la liberté sera rendue à l'esclave de la même maniere qu'à l'expiration du premier engagement.

Chaque Negre ou Negresse seront libres de renouveller ainsi de nouveaux engagemens de cinq ans en cinq ans ; mais ils ne pourront le faire qu'après que, à l'expiration de chaque engagement, l'acte de leur liberté lenr aura été délivré par le Juge, & signé du maître qu'ils auront quitté ; & cela pour éviter que leurs maîtres n'abusent de leur autorité pour les forcer à de nouveaux engagemens.

3°. A l'égard des Negres actuellement esclaves dans les Colonies, on pourroit les diviser sur chaque habitation en dix classes. On mettroit dans la premiere classe les plus âgés, les plus jeunes dans la dixieme, & les autres en proportion de leur âge dans les classes intermédiaires. Au bout d'un an de l'époque fixée on rendroit la liberté à ceux de la premiere classe, & ainsi successivement d'année en année à ceux des autres classes de la même maniere qui à été ci-dessus indiquée. Par ce moyen au bout de dix ans, tous les esclaves actuels auront recouvré leur liberté, sauf à eux à former librement de nouveaux engagemens comme il a été ci-devant expliqué.

De cette maniere les habitans ne seroient pas extrêmement lezés, parce qu'ils auront tiré un service assez loug de leurs esclaves pour s'indemniser du prix d'achat, ou du moins d'une grande partie; & s'ils font un sacrifice, le Clergé & la Noblesse ne viennent-ils pas d'en faire de plus grands? Et à l'avenir le prix des esclaves se proportionneroit au tems fixé pour leur engagement.

Néanmoins, si d'après la représentation des habitans des Colonies, qu'il convient de consulter avant de statuer sur cet objet, ce sacrifice de leur part étoit jugé trop grand, l'Etat ne pouvoit-il pas leur accorder un dédommagement proportionné à la valeur individuelle des Noirs auxquels la liberté seroit rendue? Il existe plus de 500 mille esclaves dans nos Colonies. Si le dédommagement étoit à 500 liv., argent de France, par tête l'un dans l'autre, ce seroit un objet de 250 millions; c'est-à-dire, 25 millions par an pendant dix ans; mais comme, suivant l'ordre de la nature, il doit en mourir un grand nombre dans cet espace de tems, on peut calculer cette dépense au plus aux deux tiers, & même peut-être à la moitié de cette somme. Ce seroit sans doute une grande charge pour l'Etat; mais une seule année de guerre coûte autant ou plus au Royaume, sans compter la perte en hommes qui est inapréciable. Et le résultat de la plupart des guerres est-il comparable avec l'avantage inestimable de l'abolissement absolu de l'esclavage? Enfin, si cette dépense est trouvée trop forte, on pourroit encore la diminuer: si, au lieu de dix ans que je propose pour l'entiere extinction de l'esclavage, on le prolongeoit à quinze ou vingt ans.

La traite à la côte d'Afrique se continueroit & n'en auroit peut être pas moins d'activité. Si le bénéfice sur la vente des noirs devient moindre, on en sera dédommagé par moins de risques; les révoltes à bord des vaisseaux seront moins fréquentes; les mortalités durant les traversées seront moindres; les Negres, qui actuellement ne voient revenir aucun de ceux qu'on expatrie, se livrent au désespoir, en tombent malade & meurent en route; plusieurs même se détruisent & préferent la mort au sort qui les attend, dont ils se font une idée affreuſe. Ils ſupporteront leurs fers avec plus de patience, lorſqu'ils ſauront que leur captivité aura un terme , & qu'au bout de dix ans ils pourront retourner dans leur patrie ; lorſque , ſur-tout, au bout de quelques années ils verront effectivement revenir quelques-uns de leurs compatriotes qui leur apprendront que d'autres n'y retournent pas , parce qu'ils préferent de reſter dans nos Colonies, qu'ils s'y trouvent bien & y vivent dans l'aiſance. Il arrivera indubitablement dans la ſuite que beaucoup de Noirs ſe vendront ou s'engageront d'eux-mêmes aux côtes d'Afrique, pour paſſer dans nos Colonies. Et il eſt poſſible qu'en peu d'années la traite à la côte d'Afrique prenne la forme des enrolemens pour les troupes.

Il arrivera peut-être encore que beaucoup de Noirs, retournés dans leur patrie avec quelque fortune qu'ils auront gagnée à l'Amérique , voudront jouir dans leur pays des aiſances auxquelles ils ſe feront accoutumés, & qu'ils ne pourront ſe procurer que par une conſommation plus grande de pluſieurs productions de l'Europe. Il en réſultera un plus grand débit aux côtes d'Afrique de pluſieurs articles des productions & des manufactures de l'Europe , & notre commerce pourra augmenter dans cette partie du monde.

Ces Nations qui occupent une étendue de côtes de plus de 900 lieues marines le long de l'Océan Altantique, & un terrein immense dans l'intérieur des terres, inconnu aux Européens, se civiliseront insensiblement ; le Religion chrétienne, que beaucoup de ceux qui auront habité nos Colonies auront embrassé, pourra s'introduire dans cette partie de l'Afrique, & y faire des progrès.

4°. Il faudra que la loi prononce encore sur les enfans des Noirs, esclaves ou libres, qui naîtront dans nos Colonies. Il me sembleroit que ces enfans doivent être libres en naissant ; ceux qui naîtront d'un mariage sous l'autorité de leurs pere & mere ; & ceux qui seront le fruit du libertinage sous l'autorité de leur mere. Que les uns & les autres pourront être engagés par les pere ou mere jusqu'à l'âge de..... pour des travaux relatifs à leur âge, & que le produit de ces engagemens sera au profit des pere ou mere, en dédommagement des soins qu'ils auront pris d'élever leurs enfans dans le plus bas âge : que ces enfans, après l'âge de...., seront indépendans du pouvoir paternel & maternel, & pourront s'engager eux-mêmes volontairement à leur profit ; qu'ils seront élevés dansla Religion chrétienne, &c.

On voit que ce Mémoire n'eſt qu'un apperçu ; mais il me paroit ſuffiſant pour faire adopter mes idées avec des amendemens , ou pour les faire rejetter ſi elles ſont jugées abſolument inadmiſſibles.

Mon unique déſir eſt qu'elles en faſſent naître de meilleures pour le bonheur de l'humanité & la gloire de la Nation Françoiſe.

FIN.

A PARIS, de l'Imprimerie de SEGUY-THIBOUST, Place Cambrai. 1789.

RÉFLEXIONS

SUR

LE SORT DES NOIRS

DANS

NOS COLONIES.

Sic vos non vobis........

1789.

[Cet ouvrage est de Daniel Lescallier]

AVERTISSEMENT.

LA conſervation des Colonies à Sucre eſt généralement regardée comme un ſi grand intérêt politique, que tout ce qui peut donner quelque jour ſur la queſtion agitée tant en Angleterre, qu'en France, ſur ce ſujet doit être préſenté au Public; on le doit ſur-tout à la Nation aſſemblée pour diſcuter & régler tous les objets d'Adminiſtration, parmi leſquels celui des Colonies ſera ſans doute compris.

APRÈS avoir long-tems vécu dans les Colonies de diverſes Nations Européennes, après avoir étudié le caractere des Nègres, examiné les diverſes manieres de les régir & leurs effets, après avoir lu ce qui a été écrit pour le maintien & pour l'abolition de l'eſclavage, je crois devoir à la Patrie le tribut de mes réflexions. Ce n'eſt pas que je me flatte d'ajouter à ce que d'excellens Ecrivains ont donné depuis peu ſur cette matiere intéreſſante; mais inſtruit par eux, & profitant de leurs lumieres, j'expoſerai dans ce court Mémoire le déſir & la poſſibilité de concilier dans la culture des Colonies la Morale avec la Politique, d'allier ſous la zône torride l'Induſtrie au bonheur; j'appaiſerai peut-être en même-tems les alarmes des Colons, lorſqu'ils entendent déclamer contre l'eſclavage des Nègres, ce qui, par l'inſtitution malheureuſe des Colonies, ſemble être une attaque directe faite à leurs propriétés.

C'EST une tâche en apparence difficile à remplir ; mais cette difficulté s'applanit par le caractere de notre Nation : c'eſt elle qui juſqu'à préſent a mis plus d'humanité (diſons, ſi on le veut, moins d'inhumanité) dans la Régie des eſclaves : outre la prévoyance de quelques-unes des diſpoſitions établies par nos loix pour modérer l'eſclavage des Noirs, les François feront par ſentiment & par une impulſion naturelle, ce que la force du raiſonnement fera faire aux autres.

S'IL y a ici quelques moyens de faciliter cette tâche, on aura bien mérité de l'humanité, on aura bien mérité de la Nation, & particuliérement des Colons, en montrant qu'il eſt poſſible dans les Colonies de s'enrichir des productions de la terre ſans faire frémir l'humanité, & qu'avec une ame bienfaiſante on peut être ſans remords propriétaire d'habitation.

RÉFLEXIONS
SUR LE SORT DES NOIRS
DANS NOS COLONIES.

LA queſtion de l'eſclavage des Noirs, qui occupe depuis quelque-tems les eſprits, ne peut laiſſer le Gouvernement dans l'indifférence: cette queſtion ſérieuſement agitée en Angleterre, ne peut manquer de l'être dans l'Aſſemblée Nationale, puiſqu'elle a admis dans ſon ſein les Députés de Saint-Domingue.

LES Nègres n'ignorent pas, ou du moins ils ne pourront ignorer long-tems, les diſcuſſions qui ont lieu ſur leur ſort: quand on pourroit les leur cacher (ce qui ſeroit peut-être encore pire) croit-on qu'ils aient jamais ignoré leurs droits, & que la voix de la nature ſe ſoit endormie chez eux au gré de leurs poſſeſſeurs?

Quelque ſtupides que leurs détracteurs les repréſentent, ils ſe ſont montrés capables d'une très grande énergie : ils ont, à la Jamaïque & dans la Guiane Hollandoiſe, l'exemple d'un nombre d'hommes de leur race, qui par leur courage ſe ſont procuré la liberté malgré leurs Maîtres qu'ils ont forcé de traiter avec eux de leur exiſtence indépendante. Pluſieurs de nos Nègres, dans les Colonies où fréquentent les Américains, ſont à portée d'entendre parler des loix nouvelles qui ont eu lieu dans les Etats-Unis, pour l'abolition de l'eſclavage & de la traite des Noirs.

On doit craindre les plus fâcheux évènemens, si on ne s'occupe pas sérieusement de l'amélioration du sort de cette espece d'hommes, si précieuse à l'Etat par les riches productions que ses travaux lui procurent, & en même-tems si peu protégée & si maltraitée ; on auroit bien tort de s'endormir dans une imprudente sécurité.

Pour soutenir l'esclavage, on met en avant l'antique usage des Colonies, l'impossibilité prétendue de les cultiver sans Noirs & sans Esclaves, la raison d'état qui veut que l'on aie des denrées coloniales ; on s'appuie du bonheur des Nègres dans leur état actuel, bien préférable, dit-on, au sort de nos Païsans ; on donne comme inhérens au caractere des Noirs la paresse, la fourberie, & toutes les mauvaises qualités que leur trouvent des Maîtres durs & égoïstes qui ne voient en eux que les instrumens paſſifs de leur fortune : mais ces mauvaiſes qualités & ces vices ſont, ou relatifs à l'opinion & au préjugé ſur leur état, ou occaſionnés par la maniere dont on les traite : communs à tous les hommes & dans toutes les ſociétés, ces vices s'évanouiſſent, ou du moins s'affoibliſſent conſidérablement, ſous un régime humain & raiſonnable, même parmi les eſclaves ; c'eſt ce qu'une expérience ſuivie & attentive à bien démontré.

Les partiſans de l'eſclavage ne peuvent d'ailleurs faire entrer pour rien dans leurs divers raiſonnemens, la cauſe de l'humanité, ni la juſtice, ni le droit naturel, impreſcriptibles pour tous les hommes, indépendamment de leur couleur & des circonſtances plus ou moins favoriſées de leur naiſſance. » *Il nous* » *faut des Colonies ; on ne peut les cul-* » *tiver ſans eſclaves ; donc il eſt néceſ-* » *ſaire de faire la traite, & d'avoir des*

» *esclaves :* « Voilà à quoi se réduiront toujours leurs argumens.

D'UN autre côté les personnes qui plaident pour l'abolition de l'esclavage, inspirées par la raison, la justice, la bienfaisance, & tout ce que l'humanité offre de motifs plus purs & plus respectables, peuvent aller trop loin, & prêtent ainsi à la critique de leurs adversaires intéressés, soit par excès de zèle, soit faute de connoître suffisamment la localité & la circonstance des Colonies, soit encore faute de respecter la raison politique des Etats, qu'il est devenu impossible de ne pas ménager, à cause des cris d'un nombre de gens dont la fortune dépend des cultures actuelles de nos Colonies : ils ont prêté encore à la critique des Colons, en n'appercevant pas bien tous les moyens d'opérer la révolution qu'ils desirent. Delà, il résulte une majorité immense dans les débats de cette queſtion, en faveur des partiſans de l'eſclavage, dont l'opinion eſt accréditée par un long uſage, & par une eſpece de loi généralement établie dans toutes les Colonies Européennes.

Dans toutes ces diſcuſſions, les Colons (qui ſont preſque tous pour le maintien de l'eſclavage) mettent beaucoup de chaleur & d'acharnement à ſoutenir une cauſe qui leur ſemble perſonnelle; les autres (qui ſont un petit nombre de perſonnes n'ayant pour la plûpart aucun intérêt dans les Colonies) montrent le plus grand zèle pour le ſoulagement de l'humanité ſouffrante.

Quel que ſoit l'effet de ces débats, à quelque époque que cet effet ſoit retardé, il ne peut qu'en réſulter un traitement plus humain pour les Noirs: on voit déjà qu'il ne reſte plus aucune autre excuſe aux poſſeſſeurs d'eſclaves, qui plaident pour le maintien de l'eſclavage, que de citer la maniere tempérante & heureuſe dont leurs Nègres ſont traités, ou de convenir qu'il eſt à propos d'améliorer leur ſort.

De ce choc d'opinions on peut déduire deux vérités inconteſtables :

La premiere de ces vérités eſt que l'habitation dont la régie eſt la plus raiſonnée, la moins arbitraire, où les Nègres ſont catéchiſés, où on cherche à leur donner des mœurs, où ils ont quelques propriétés, & une eſpece d'exiſtence ſociale, eſt auſſi celle qui rapporte des revenus plus conſtans à ſon propriétaire, & que moins les Nègres ſont malheureux plus leur Maître s'enrichit. Les partiſans de l'eſclavage en conviennent eux-mêmes.

La ſeconde vérité, déduite comme l'autre des objections des Colons qui ſoutiennent l'eſclavage, eſt que les projets d'humanité que l'on manifeſte en faveur des Noirs ne peuvent s'exécuter en bonne politique qu'avec du tems & des gradations ; qu'un affranchiſſement illimité & ſubit, ſans exceptions ni conditions, rempliroit mal le but qu'on ſe propoſe, & même offriroit des inconvéniens : en effet, on doit convenir que les Nègres nouveaux, ceux non encore accoutumés à notre langue & à nos uſages, ne pourroient ſans danger pour nos plantations, ni ſans un inconvénient pour eux-mêmes, être tous à la fois remis en liberté ſans intervalles ni précautions : c'eſt ainſi que des yeux affoiblis par une longue obſcurité ne pourroient revoir ſubitement la lumière ſans en être éblouis ; il faut la leur rendre par dégrés & avec attention.

Cette difficulté eſt même ſi forte qu'elle rendroit la deſtruction de l'eſclavage comme impoſſible, ſi on ne commençoit par faire finir la traite des Noirs, qui vient ſans ceſſe verſer des Nègres nouveaux dans nos Colonies ; mais il n'eſt plus poſſible de ſe diſſimuler, d'après les faits expoſés à la connoiſſance publique ſur la traite des Noirs, que ce commerce offre des actes de barbarie ſi atroces, ſi continuels & ſi indiſpenſables à ſon entretien, que les perſonnes honnêtes qui deſireroient conſerver l'eſclavage des Noirs dans nos Colonies, en le rectifiant, ne peuvent plus raiſonnablement ſoutenir la continuation de ce commerce d'eſclaves.

Connoissant le pour & le contre de cette queſtion, & les Colonies par une aſſez longue expérience, je crois pouvoir dire avec aſſurance qu'il eſt nullement impoſſible, qu'il eſt même utile & politique de préparer les voies pour l'abolition de l'eſclavage ; qu'on peut parvenir à ce but en ménageant la raiſon d'état, la politique des Nations, en conſervant nos Colonies à Sucre, ſans déranger en rien les propriétés foncieres des habitans, ni diminuer leurs revenus.

Le terme dans lequel on pourroit rendre par gradations la liberté aux Nègres ne ſeroit point fort éloigné, & les bonnes diſpoſitions de pluſieurs Colons François l'abrégeroient plus qu'on ne penſe : car ce ſeroit à tort que l'on regarderoit tous les propriétaires d'habitations dans les Colonies comme des hommes barbares ; pluſieurs ont une diſpoſition humaine & bienfaiſante, qui ne produit (il eſt vrai) que des effets précaires & momentanés, toujours dérangés par leurs ſucceſſeurs ou par leurs gérans : mais la faute en eſt au Légiſlateur qui a établi & autoriſé l'eſclavage, qui en maintient ſévèrement la police & la durée, & non pas à la plûpart des habitans

habitans qui le trouvant dans leurs héritages, le trouvant dans tout ce qui les environne depuis des ſiecles, ſuivent un uſage avec lequel ils ſe ſont familiariſés dès leur enfance, & une loi qui les empêcheroit de ſuivre un autre ſyſtême. Pluſieurs Colons ne demandent pour bien faire que d'être éclairés ſur leurs véritables intérêts; mais c'eſt ce qu'on n'obtiendra que par l'expérience & avec le tems, & à meſure que la légiſlation elle-même reformera l'inſtitution qu'elle a faite & conſolidée.

Toutes les ames honnêtes, ſenſibles & déſintéreſſées ſont déjà perſuadées avant que j'aie parlé : mais il faut démontrer à l'Adminiſtration, il faut prouver aux Colons qu'on peut opérer ces changemens heureux par des moyens tranquilles & sûrs, en faiſant l'avantage des habitations. Il eſt néceſſaire pour cela de ſe dégager de toutes préventions,

& de réfléchir avec impartialité ſur les différens points de vue qu'offre cette queſtion importante.

Je vais expoſer les moyens par leſquels je crois que l'on parviendroit à rectifier graduellement l'inſtitution vicieuſe des Colonies, en conſervant leurs habitations & leurs cultures.

PREMIER MOYEN.

L'Abolition de la Traite des Noirs.

La Traite des Noirs offre une queſtion intimément liée avec celle de l'eſclavage, parce qu'elle lui ſért d'aliment, parce qu'il ſemble aux Colons que ſi la Traite ceſſoit la population des Colonies ſe réduiroit bientôt à rien, & leurs cultures dépériroient à meſure, & que puiſque l'eſclavage eſt autoriſé la Traite doit l'être également; mais il n'y a que le Machiavéliſme le plus affreux qui puiſſe plaider pour la continuation de cet odieux commerce (1).

(1) On avoue que n'étant pas inſtruites de toutes les cruautés par leſquelles s'opére cette Traite des Noirs, ne les ſoupçonnant pas mêmes poſſibles, des perſonnes honnêtes & bien intentionnées ont pû, entraînées par la légiſlation & les circonſtances, ne pas

QU'IMPORTE que nous soyons injustes & barbares, pourvu que nous nous enrichissions? Voilà en peu de mots à quoi on peut ramener toutes les raisons qu'on apporte pour soutenir ce commerce; mais si ce n'est pas seulement une injustice, si c'est encore une erreur; si ce commerce loin d'être profitable n'est que nuisible aux intérêts de la Nation, que deviendra l'unique argument avec lequel on prétend en maintenir la continuation?

§. 1. *Cette Traite considérée politiquement n'offre que des désavantages.*

1°. ELLE corrompt les mœurs d'une partie de notre Nation, en la familia-

---

avoir de ce trafic toute l'horreur qu'il doit inspirer; mais depuis la publication des faits authentiques consignés dans les Ouvrages de Clarkson, de Froissard, &c., on ne peut plus regarder la Traite des esclaves que comme un tissu d'atrocités. Que le Lecteur qui n'en sera pas encore convaincu, lise ces Ouvrages avant d'aller plus loin.

riſant avec des actions féroces, en y faiſant concourir pluſieurs ſujets à qui on finit par faire regarder ces actions comme légitimes; en accoutumant un nombre de perſonnes à ſpéculer leur fortune ſur la deſtruction de l'eſpece humaine.

2°. Elle ne procure des bras aux cultures des Colonies qu'en faiſant périr par les guerres, par les injuſtices, par les duretés des traverſées, par les mauvais traitemens, & par le déſeſpoir, beaucoup plus de Nègres que nous n'en acquérons.

3°. Ce commerce eſt plus nuiſible que profitable à ſes Armateurs; ce qui s'explique en diſant que ſi on voit quelques voyages lucratifs, le plus grand nombre n'offre que des pertes; & ces pertes ſeroient bien plus apparentes, ſi elles n'étoient ſouvent compenſées par des profits acceſſoires, ſur les marchandises d'Europe, sur les achats de poudre d'or, d'ivoire, &c., sur les achats & frets de denrées Coloniales en retour.

4°. Ce commerce est ruineux à l'Etat par les primes & encouragemens pécuniaires très-exorbitans que le Gouvernement a cru nécessaire de donner à ses spéculateurs, primes dont la dépense s'éleveroit au moins à 4 millions par an, si elles obtenoient complettement leur effet desiré : nouvelle preuve que ce commerce est plus onéreux que profitable.

5°. La Traite des Noirs est nuisible à la Marine & à la Navigation par la perte qui en résulte d'un grand nombre de Matelots; puisqu'il est démontré qu'il périt dix ou douze fois plus de Matelots à proportion dans les Voyages de cette espece, que dans les autres navigations, pertes presque uniquement occaſionnées par le mauvais air, la mauvaiſe nourriture, & les autres circonſtances deſtructives qui exiſtent néceſſairement dans les Vaiſſeaux Négriers.

6°. Ce commerce eſt encore d'une mauvaiſe politique, parce qu'il nous fait délaiſſer pluſieurs branches de ſpéculations intéreſſantes ſur divers produits de l'Afrique; qu'il s'oppoſe à nous faire connoître l'intérieur & les reſſources de ce Continent, même la plus petite partie de ſes côtes que nous ne connoiſſons que ſous un rapport infâme; que ce commerce d'eſclaves nous fait ainſi dédaigner & ignorer une des vaſtes parties du monde, & la plus à notre portée.

7°. La Traite des Eſclaves eſt une honte à l'humanité, une tache à notre Nation, une contradiction ouverte avec nos principes & notre conſtitution.

Il eſt remarquable que la loi abuſive

de commerce qui a autoriſé l'eſclavage dans nos Colonies n'a permis de traiter des Noirs que depuis tel Cap juſqu'à tel autre dans la côte d'Afrique; que ce qui eſt permis dans tel parage & dans telle latitude, redevient un crime dans un autre canton ; que le Gouvernement a puni ſévèrement des Capitaines qui s'étoient permis de prendre des Noirs à cheveux longs, des teints moins baſanés, dans d'autres lieux que ceux ordinaires de la Traite. Quel droit avoit-on de plus ſur les uns que ſur les autres ?

Il eſt bien remarquable encore que (par une de ces contradictions trop communes dans l'eſprit humain) les Hollandois ont un mépris ſingulier pour une eſpece d'hommes qui en Hollande recrutent & engagent des Blancs pour leurs Colonies, les appelant *vendeurs d'ames ;* & on ne s'eſt pas apperçu qu'ils euſſent jamais témoigné une opinion fâcheuſe des agens de la Traite des Noirs.

Il n'eſt que trop prouvé que c'eſt les Européens qui ont preſque par-tout excité & encouragé le commerce des Eſclaves ; on a ſu de M. Poivre, cet Adminiſtrateur humain & éclairé, qu'au commencement de ce ſiecle, ce commerce & toutes les horreurs qui en ſont les compagnes néceſſaires ont été introduits pour la premiere fois dans l'Iſle de Madagaſcar, & que l'eſclavage étoit abſolument inconnu des naturels du pays avant la fréquentation des Européens.

§. 2. *La ſuppreſſion de la Traite des Noirs ne fera aucun tort aux propriétaires d'habitations dans les Colonies.*

1°. Il eſt connu qu'un nombre d'habitans ſe ruinent, & rendent leurs libération & liquidation impoſſibles par les pertes qu'ils font de Nègres nouveaux.

2°. Les Colons perdant ce moyen de recruter leurs Atteliers, ſoigneroient davantage cette population; elle s'accroîtroit par un régime plus humain & plus attentif: on le ſait par l'expérience de pluſieurs habitations qui ont maintenu, augmenté même leur population par le ſeul effet d'un traitement plus raiſonnable ſans avoir recours à des achats de nouveaux Eſclaves.

Il eſt reconnu que le régime trop dur de l'eſclavage, ou l'inſouciance & le mépris de l'humanité qui l'accompagnent ſi ſouvent, cauſent une perte conſtante à la population des Nègres dans toutes les Colonies priſes en maſſe, & dans chacune en particulier, même là où l'eſclavage eſt plus modéré par la loi;

tandis que ceux des habitans qui ont mis l'attention convenable à encourager & conſerver la population de leurs eſclaves & à modérer autant qu'il étoit en eux la loi de l'eſclavage, l'ont vu s'augmenter ou au moins ſe ſoutenir au même nombre. On en cite un qui a doublé le nombre de ſes eſclaves en quatorze ans par ſa propre population.

3°. Si l'Etat économiſoit par an quatre millions de livres, de primes & encouragemens qu'il donne ou propoſe aujourd'hui à la Traite des Noirs pour la porter à toute l'étendue néceſſaire aux remplacemens des pertes d'eſclaves, & au maintien des Colonies ſous le régime de l'eſclavage, les Colons de leur côté épargneroient en maſſe vingt ou vingt-cinq millions qu'ils dépenſent annuellement en achats de Nègres nouveaux.

4°. Les mœurs des Colons, & de toute

la partie de la Nation qui a des rapports avec eux, ainſi que les mœurs des Nègres de nos Colonies, gagneroient très-ſenſiblement à ce changement.

5°. Les travaux des habitations, leur population, & les Colonies en général s'amélioreroient à toute ſorte d'égards, n'étant plus composées que de Nègres Créoles.

6°. Les Colonies ſeroient plus en sûreté, & mieux policées; elles deviendroient d'un entretien moins coûteux par une forte diminution, ſinon la ſuppreſſion totale, des dépenſes de police, de juſtice, de détachemens, de la Caiſſe des Nègres ſuppliciés ou tués en marronage, des frais de géole, &c.

Il eſt donc certain que la Traite des Nègres eſt une barbarie qu'une Nation policée ne peut raiſonnablement continuer ; il eſt prouvé qu'elle nuit à beaucoup d'égards, & que ſa ſuppreſſion bien loin d'être contraire aux Colonies, y ameneroit un meilleur ordre de choſes, & plus de proſpérité : ces vérités ſemblent être établies en Angleterre où cet objet eſt traité publiquement avec toute la force du raiſonnement & la généroſité qui caractériſent les hommes choiſis de cette Nation.

MAIS l'intérêt & une politique mal entendue viennent leur oppoſer diverſes objections, dont une ſeule a beſoin d'être combattue un moment.

» EN ſuppoſant que la France & l'An-
» gleterre abandonnaſſent enſemble le
» commerce des eſclaves, les autres
» Nations de l'Europe le continueroient
» à notre détriment, les Eſpagnols qui
» ont ouvert leurs ports de l'Amérique
» méridionale aux étrangers pour les en-
» gager à y porter des eſclaves, profi-

» teroient de notre abandon pour peu-
» pler leurs Colonies : les Américains
» y ont déjà porté plusieurs cargaisons
» de Nègres «.

Sans admettre pour cela cette triste politique qui veut toujours ne fonder notre prospérité que sur le dépérissement de nos voisins, on peut répondre à cette objection :

Que si c'est bien fait d'abolir la Traite, si ce parti nous est avantageux, les autres nous imiteront, ou ils auront tort de ne pas le faire.

Que les Espagnols plus qu'aucune autre Nation, sont dans le cas de perdre à cette mauvaise politique de peupler les Colonies de Nègres nouveaux, tandis qu'ils négligeroient & opprimeroient cette immense population d'indigenes dont ils pourroient tirer un parti avantageux par la douceur & la modération, & par une sage administration ;

Qu'il eſt très-raiſonnable de penſer que le parti pris à la fois par l'Angleterre & par la France, de ceſſer la Traite des Eſclaves en Afrique, & d'établir dans ces contrées d'autres moyens de commerce, cauſera dans les idées de ces peuples une révolution qui rendra plus difficile, ou même fera ceſſer la Traite des Eſclaves. — N'avons-nous pas déjà vu un *Marabout*, Souverain Religieux de ces contrées, interdire dans ſes Etats, par eſprit de morale & de religion, le commerce des Eſclaves, en grêver le paſſage à travers ſes terres par de forts droits & péages. La raiſon peut être long-tems offuſquée ; mais quand elle commence à ſe faire jour ſes progrès ſont rapides.

DEUXIEME MOYEN.

Affranchiſſement des Eſclaves Domeſtiques & autres des Bourgs & Villes.

PUISQUE la politique & l'intérêt ne peuvent ſoutenir la néceſſité d'avoir des Eſclaves qu'en prétendant qu'ils ſont indiſpenſables aux grandes cultures des Colonies, & à la fabrication du Sucre entr'autres, on ne peut pas dire avec le moindre fondement que des Eſclaves ſoient néceſſaires dans les Villes & Bourgs, au ſervice domeſtique, au travail des Boutiques & des Magaſins, à aſſiſter les Ouvriers & Entrepreneurs.

QUEL abus au contraire, qu'un Matelot parvenu, qu'un ſimple ouvrier, dès qu'ils peuvent épargner 1000 à 1200 livres, ſoient à l'inſtant habiles à poſſéder un autre homme ou femme en toute propriété,

propriété, à les traiter avec dédain, à s'en faire ſervir arbitrairement, à les accabler de coups au moindre caprice, à les louer à d'autres pour en faire à leur gré? Quelle indignité & quelle dégradation à la nature humaine, que cet uſage, ſi général dans les Villes & Bourgs des Colonies, pour la plûpart des Blancs, d'acheter des femmes, bien plus ſouvent dans des vues mépriſables, que pour le ſervice domeſtique, de leur donner enſuite la liberté pour récompenſe de leurs vices! ou (ce qui eſt encore pis) de les revendre au moindre caprice ou mécontentement!

Loin que cette partie d'Eſclaves ſerve au progrès & au maintien des Colonies, il eſt aiſé de voir qu'elle eſt infiniment nuiſible à la police, au bon ordre, & aux mœurs; qu'elle eſt deſtructive de la population, & que ce ſont autant de bras enlevés aux cultures.

Un premier pas très-essentiel à faire, après l'abolition de la Traite, paroîtroit donc être celui de renvoyer à la culture, ou d'affranchir sans exception quelçonque, tous les Esclaves Domestiques, Journaliers, Ouvriers & autres, des Villes & Bourgs.

Les Habitans gagneroient à cette disposition une augmentation de bras: qu'arriveroit-il? des gens qui vivent uniquement dans les Villes, du tribut qu'ils reçoivent de 2 ou 3 esclaves seroient obligés de les revendre, ou de chercher avec eux dans la culture des moyens de subsister. Quiconque connoît bien les Colonies, sait que la saine Administration cherche toujours, mais sans succès, à diminuer le nombre par-tout trop grand des Nègres de journées, comme très-nuisible à bien des égards.

Les particuliers qui possèdent en propriété des domeſtiques loueroient des affranchis : ils en ſeroient mieux ſervis ; la plus grande cherté en apparence de ce ſervice, feroit qu'on auroit moins de ſerviteurs inutiles, & ce ſeroit autant de bras rendus aux cultures. Mais, dira-t-on, où trouver des domeſtiques libres ? Il n'y a pas aſſez d'affranchis à pouvoir prendre à gages. — Quand cette objection ſeroit fondée, ce ſeroit un bien petit inconvénient du moment, auquel on trouveroit bientôt le remede : & on entrevoit que cette diſpoſition procureroit des moyens honnêtes de ſubſtituer à la race des affranchis, des Mulâtres & Métifs libres des deux ſexes, qui dans l'état actuel, vivent pour la plûpart d'une maniere précaire & incertaine, dans la nonchalance, l'oiſiveté & le déſordre.

Les Marchands qui, pour le tranſport de leurs ballots, bariques, & effets, &c.,

louent des Nègres journaliers, ou en possèdent quelquefois en propriété, ne perdroient rien à cette disposition : ils loueroient des affranchis ; & l'on ne peut douter que, puisque les Nègres esclaves se louent pour rapporter l'argent qu'ils gagnent à leurs Maîtres, on ne les louât encore bien plus facilement pour ces travaux & mouvemens, dans l'état de liberté, & lorsque le profit leur appartiendroit en entier. On n'auroit plus d'esclaves pour ces sortes de travaux ; ceux qui en ont actuellement les revendroient aux Colons cultivateurs ; on réduiroit le nombre des journaliers libres au strict nécessaire ; & on ouvriroit par-là une ressource honnête à la race des affranchis Mulâtres & Métifs.

Ce Maçon, ce Charpentier, qui (parvenus par le travail de leurs mains & leur industrie à posséder un, deux, ou plusieurs esclaves dont ils forment leurs

Atteliers) s'enrichiſſent & deviennent enſuite d'indolens ſybarites, & les égaux de ceux qui n'agueres les tenoient à leurs gages, ſe retireroient s'ils ſe trouvoient aſſez riches, ou loueroient à titre de journaliers des ouvriers pour les aſſiſter.

On ne verroit plus, comme par le paſſé, des ouvriers blancs devenir auſſi puiſſamment riches dans un petit nombre d'années; mais avec des gains moins rapides ils conſerveroient mieux leur activité & leur induſtrie. Il ſe formeroit des ouvriers excellens parmi les Nègres & gens de couleur; il s'établiroit dans les Villes pluſieurs familles aiſées d'Artiſans & gens de tous métiers; & la population ne pourroit qu'y gagner.

La faculté laiſſée, à ceux qui ne ſeroient pas aſſez riches, de donner la liberté à leurs eſclaves domeſtiques & ouvriers, ou de les revendre aux Habitans cultivateurs, ou de les appliquer eux-mêmes à la culture, empêcheroit que perſonne ne pût rien perdre à cette diſpoſition.

TROISIEME MOYEN.

Affranchiſſement des Mulâtres.

Si (comme on l'a dit, au moyen précédent) il ne faut des eſclaves que dans les habitations, il eſt bien reconnu que les Mulâtres & Métifs ne ſont jamais, ou preſque jamais, des eſclaves attachés à la culture : il faudra non-ſeulement par cette raiſon, mais encore dans des vues d'une ſaine politique & d'une juſte adminiſtration, affranchir toute la race (du moins celle à naître) des Mulâtres & Métifs.

Une des cauſes qui s'oppoſent eſſentiellement à l'accroiſſement de la population des Noirs dans nos Colonies, c'eſt le libertinage effréné d'où naît cette race bâtarde & vicieuſe, déclarée eſclave par cet axiome : *partus ſequitur ventrem.*

C'EST bien encore ici que la légiſlation des Colonies offre une de ces incohérences ſi néceſſairement réſultantes de leur inſtitution : car le Légiſlateur n'ayant eu intention de vouer à l'eſclavage que la race noire à cheveux crépus, celle qui ſort directement de la côte d'Afrique, a déclaré libres les Nègres à cheveux longs, & autres Indiens, il a affranchis tous les Mulâtres & ſang-mêlés provenans de race Indienne; il auroit dû, en ſuivant les mêmes principes, reconnoître comme libres les Mulâtres proprement dits qui ſont démontrés phyſiquement être iſſus d'un pere libre, quoique la mere ſoit eſclave.

IL arrive, par les diſpoſitions actuelles de cette loi, que l'enfant bâtard d'une femme Indienne avec un Nègre esclave est déclaré libre, tandis que celui d'un Blanc avec une Négresse est toujours esclave, lorsque sa mere l'est. Il convient de faire cesser cette contradiction : en le faisant on changeroit la maniere d'être toujours vicieuse des Mulâtres & Métifs dans leur état actuel : car cette caste (qui joint presque généralement aux vices de son origine l'insolence & la paresse occasionnés par une sotte vanité qu'ils tirent de leur issue d'un Blanc) est par-tout peu propre à remplir les devoirs ordinaires des esclaves ; & sur-tout aux travaux d'habitations, étant mêlés avec les Noirs. Les inconvéniens de leur institution, leur manque d'éducation, de principes & de mœurs, leur abrutissement & leur libertinage presque sans exception, font que bien rarement on y trouve des sujets utiles, même lorsqu'ils sont parvenus à l'état de liberté.

En déclarant libres les Mulâtres à

naître à l'avenir, le Légiſlateur préviendra par-là en grande partie, le libertinage dont on ſe plaint; tout Habitant propriétaire d'eſclaves, évitera par tous les moyens en ſon pouvoir que ſes femmes eſclaves aient fréquentation avec des Blancs, dans la crainte de voir naître des enfans qui ne devront plus lui appartenir : il cherchera à encourager les mariages entre Noirs & à augmenter & favoriſer ſa propre population. Plus de tranquillité & de bon ordre dans les ménages Nègres concourra très-ſenſiblement à ce but déſirable; & ſi, par ſuite néceſſaire des paſſions & de la foibleſſe humaine, il y a encore, après ce parti pris, des fréquentations de Blancs avec des Négreſſes, les cas deviendront beaucoup plus rares, les enfans qui en proviendront, devenant par leur état de bâtards libres, les enfans de l'Etat, ſeront inſtruits & élevés par les ſoins de l'Adminiſtration, à défaut de ceux de leurs peres naturels : ils donneront pour la plûpart des ſujets aux divers métiers & talens utiles, à la Culture, à la Navigation ; on les verra s'établir convenablement avec des femmes de même eſpece, dont l'éducation auroit été plus ſoignée dans ces vues.

CETTE propoſition étant le produit de mes propres réflexions, j'ai trouvé qu'un ancien Adminiſtrateur des Colonies dont la mémoire eſt conſidérée avoit eu cette même idée : je l'ai trouvée encore dans un excellent Auteur Anglois, dont je rapporterai ici un paſſage.

» JE ne vois pas qu'il puiſſe réſulter » aucun inconvénient de l'affranchiſſe- » ment de tout enfant mulâtre : on peut » objecter à cette propoſition, qu'elle » tendroit à encourager le commerce » illégitime des Blancs avec les Négreſ-

» ſes, dont je viens de montrer les mau-
» vais effets. Je réponds que l'affran-
» chiſſement des Mulâtres ſeroit bien
» plutôt dans le cas de réprimer cette
» fréquentation, par la raiſon que, dans
» la poſition actuelle, les Habitans voient
» avec indifférence naître des Mulâtres
» ſur leurs habitations, bien aſſurés que
» ce ſeront pour eux des eſclaves de plus
» pour leurs travaux, ou qu'ils en retire-
» ront un bon prix, en les vendant à leurs
» peres naturels, qui le plus ſouvent cher-
» chent à les racheter. J'ajouterai qu'au
» contraire ces habitans chercheront le
» plus qu'ils pourront à décourager les
» fréquentations des Blancs avec leurs
» Négreſſes, dès qu'ils verront que leur
» intérêt ne s'y trouve pas; & qu'alors
» ils emploieront tous leurs efforts pour
» multiplier ſur leurs poſſeſſions, la race
» noire ſans mélange «.

*

Jamaïque ſur ce ſujet, ces paroles mémorables : » Nous avons le pouvoir » d'augmenter le bonheur de 250 mille » hommes dont le travail nous procure » notre ſubſiſtance journaliere ; nous » avons la faculté de former pour ainſi » dire une nouvelle création : quel objet » plus noble pourra jamais échauffer no» tre zèle, & l'inclination naturelle qui » nous porte vers la bienfaiſance ? En » conſidérant même les choſes relative» ment à notre intérêt perſonnel, il » eſt bien certain que l'homme humain » eſt encore le meilleur politique : ainſi » en cédant à l'impulſion de notre » cœur, nous ajouterons à la proſpérité » de nos poſſeſſions, l'approbation des » hommes, & les bénédictions du Ciel...

C'EST auſſi l'année derniere que les Habitans de la Grenade ont établi dans leur Aſſemblée Coloniale, des Règlemens de police intérieure, & une légiſlation en faveur des Efclaves, avec ce préambule bien fage de leur acte du 4 Novembre 1788. » Que la néceffité de » l'importation des Nègres ceffera du » moment où ils feront traités avec hu- » manité, où ils ne feront plus accablés » par les travaux exceffifs, & où on aura » égard aux loix de la nature dans l'union » des fexes.

» COMME les loix qui ont été jufqu'à » préfent promulguées pour la protection » des Efclaves, ont été trouvées infuffifan- » tes; & comme l'humanité, ainfi que l'in- » térêt de la Colonie, exigent de rendre » l'efclavage fupportable, autant qu'il fera » poffible ; afin de contribuer à la po- » pulation des Nègres, feul moyen de » fupprimer avec le tems la néceffité de » leur importation des côtes d'Afrique.

» Et vu qu'on ne fauroit atteindre un » but auffi défirable qu'en fixant des

» bornes raiſonnables au pouvoir des » Maîtres, & des perſonnes chargées de » ſurveiller les eſclaves, ſoit en les obli- » geant à leur fournir le logement, la » nourriture & le vêtement d'une ma- » niere convenable, ſoit en leur procu- » rant la connoiſſance & l'inſtruction » de la Religion Chrétienne, en s'occu- » pant eſſentiellement de la perfection » des mœurs, en les engageant à con- » tracter des mariages légitimes, & en » les y protégeant, & en reſpectant les » droits de cet Etat. Pour les raiſons ci- » deſſus ſpécifiées, &c. «.

SANS donner le détail des Règlemens, qui ſont la ſuite de cet acte colonial, ni expoſer ici de ce qu'on pourroit faire de mieux à cet égard, en cherchant avec raiſon & humanité l'exécution des vues exprimées ci-deſſus, il ſuffit de montrer par ces deux exemples: que les Colons ont ſenti en corps légiſlatif que l'intérêt des habitans

habitans exigeoit une pareille légiſlation; que cette légiſlation étoit néceſſaire pour maintenir & accroître la population, & pour ſupprimer par-là l'importation des Noirs de la côte d'Afrique, auſſi pour le plus grand avantage des habitans.

La légiſlation ou police de l'habitation ainſi arrêtée & écrite, ſeroit lue & publiée parmi les Atteliers, & renouvellée de tems en tems. Il y ſeroit pourvu avec certitude à la nourriture des Nègres (ſubſtantielle & en nature, au moins ſuivant le vœu du Code noir qui n'eſt preſque nulle part bien ſuivi); à leur habillement, à leur logement: on aſſureroit la propriété de leurs jardins, volailles & baſſe-cour; on pourvoiroit à leur traitement en maladie, au ſoulagement des vieillards & infirmes, aux ſoins néceſſaires aux femmes enceintes, aux nourrices & aux enfans, au maintien des bonnes mœurs, à l'inſtruction de la jeuneſſe, au bon ordre dans les familles, &c.

En même-tems, l'ordre, la police & les heures des travaux y ſeroient fixés, de même que la ſubordination : les fautes légeres ſeroient punies, après que le coupable auroit été entendu, en préſence des plus ſages & des anciens de l'habitation; mais par d'autres moyens que le fouet de poſte dont on ne peut ſe diſſimuler la barbarie. Les crimes ſeroient renvoyés aux Juges ordinaires, & punis par la loi : il y auroit auſſi des récompenſes pour les actions vertueuſes & diſtinguées.

Certainement bien loin qu'aucune habitation fût dérangée par ces diſpoſitions, il n'eſt pas une perſonne ſenſée qui puiſſe dire que les Colons ne gagnaſſent infiniment à cette amélioration dans le Régime des Noirs, par leur attachement & leur bonne volonté au travail.

Ce parti pris & conſolidé, on ajoutera ici qu'il conviendroit de changer dès-lors la dénomination d'esclaves, & d'esclavage, ce seroit envain qu'on auroit réformé la chose ; elle paroîtroit toujours odieuse, elle tendroit à le redevenir, si on laissoit subsister un nom réprouvé.

En effet dans l'état raisonnable & modéré, préparé pour les Cultivateurs noirs, par de sages Règlemens, rien d'arbitraire, ni de barbare n'existant plus dans leur traitement, connoissant par ces loix écrites, leurs droits & leurs obligations, ils ne seroient déja plus esclaves proprement dits ; ce seroit des vassaux attachés à la glèbe, assujettis à travailler comme auparavant pour leur propriétaire.

CINQUIEME MOYEN.

Gratification d'un dixieme des produits.

ARÈS avoir ainsi reglé d'une maniere qui cesseroit d'être arbitraire, la discipline des Atteliers, on promettroit à ces vassaux, un encouragement à bien faire & à travailler avec zèle, qui seroit une part dans les revenus de l'habitation, part d'abord petite, & seulement d'un dixieme des produits nets.

IL est plus que probable que ce sacrifice apparent de l'abandon d'une partie des revenus par le propriétaire les soutiendra au moins au même taux, parce que l'intérêt que les Noirs y auront, les excitera à travailler avec la meilleure volonté, à concourir avec zèle aux progrès des plantations, & à l'exploitation des denrées, à empêcher les vols, les pertes de tems, & les divers abus que le régime dur de l'esclavage multiplie.

QUEL être tant soit peu dégagé des préjugés qui aveuglent la plûpart des Colons, pourra croire que les habitations en particulier & les Colonies en général, puissent obtenir un degré de prospérité proportionné au nombre de leur population, jusqu'à ce que leurs Cultivateurs, intéressés au produit de leurs propres travaux & à l'augmentation des récoltes, y portent un zèle qu'il seroit absurde d'attendre d'une sorte de troupeaux gouvernés à coups de fouets, & dont le seul espoir consiste en quelques heures de repos, & à éviter les châtimens.

SI on pouvoit douter de l'effet de cette gratification, je dirois que j'en ai fait l'épreuve avec le plus grand succès.

SIXIEME MOYEN.

Augmentation successive de gratification, ou part dans les revenus, accordée aux Nègres cultivateurs.

QUAND on auroit vu, par l'expérience d'une année ou deux, que l'Attelier se seroit bien comporté sous ce nouveau plan de conduite ; que ce dixieme des produits donnés aux Noirs en gratification auroit obtenu l'effet qu'on s'en étoit promis; que les Habitations n'en auroient pas dépéri, bien au contraire; on augmenteroit cette gratification que l'on porteroit l'année suivante à un neuvieme des produits nets, pour éprouver encore si par ce sacrifice les revenus se soutiendroient au même taux pour le propriétaire.

Comme on ne doute pas de l'effet, on aſſure ici que cette gratification ou part dans les revenus accordée aux Nègres pourra être augmentée d'année en année, & portée ſucceſſivement à un huitieme, à un ſeptieme, à un ſixieme, à un cinquieme, à un quart & enfin à un tiers des revenus nets, & que ce ſera ſans que le propriétaire lui-même éprouve une diminution. Ce tiers accordé aux vaſſaux ne feroit qu'aſſurer davantage ſes propres revenus, & les exportations de la Colonie augmenteroient de ce tiers au moins qui ſeroit mis de plus dans la maſſe du commerce. Le commerce d'importation augmenteroit en même proportion par les conſommations que feroient les Nègres jouiſſant alors d'une petite aiſance : & cette population ſi mal traitée juſqu'à préſent commenceroit à voir le bonheur à ſa portée, & à aimer ſes Maîtres.

SEPTIEME MOYEN.

Nouveau Code Colonial.

ON juge que les diverſes gradations indiquées dans les moyens précédemment donnés, pourront exiger un eſpace au moins de neuf ans.

LA dixieme année, (ou auſſi-tôt que cette expérience auroit été bien conſtatée, & que les bons effets de ce régime ſeroient reconnus) on conſolideroit cet arrangement par une légiſlation ou contrat qui regleroit avec équité les droits des propriétaires & ceux des vaſſaux, par un nouveau code colonial ſubſtitué au code noir, loi de dureté & fondée ſur un principe barbare qui ne peut plus ſubſiſter. Ce n'eſt pas ici le lieu de donner là deſſus un plus grand détail : il ſuffit que les ames honnêtes (& il y en a ſans doute parmi les Colons) ſoient convaincues que ce qu'on leur propoſe n'eſt ni impoſſible, ni nuiſible à leurs intérêts.

HUITIEME MOYEN.

Affranchiſſement ſucceſſif & entier des Familles de Noirs, & formation de propriétés particulieres.

Il eſt aiſé de concevoir qu'en adoptant ſucceſſivement les moyens qu'on vient d'expoſer rapidement, aucune grande propriété ne ſeroit dérangée ; que la population augmenteroit ſous un régime plus humain ; que des familles créoles & anciennes des vaſſaux, ſe racheteroient de tems en tems de cette eſpece de ſervitude de la glèbe, ſubſtituée dans les premiers tems à l'eſclavage. Cet heureux changement ſe ſeroit opéré ſans cauſer de choc ni de commotion ; ces vaſſaux ſe ſeroient accoutumés petit à petit, & comme inſenſiblement, à une certaine aiſance & à une exiſtence meilleure fondées ſur leur bonne conduite, leur activité & leur induſtrie : il ne ſe ſeroit fait aucune révolution trop ſubite dans leurs idées qui pût faire craindre aucuns mauvais effets, puiſque les premiers moyens ne ſont que des graces accordées conditionellement & que le Maître auroit toujours pu retirer, dans le cas où les Nègres s'en fuſſent rendus indignes.

Les familles qui de bon accord auroient fait ſur leurs profits les épargnes ſuffiſantes pour ſe racheter, auroient par-là fait preuve de leur capacité & de la bonne conduite dont ils ſeroient capables dans l'état de liberté : Elles ſe racheteroient, ſoit par une ſomme une fois payée, ſoit par une redevance annuelle.

Ces émigrations ſucceſſives de vaſſaux affranchis, qui ſortiroient ainſi des grandes habitations pour former de petites propriétés par familles, ſeroient amplement remplacées dans les habitations par l'accroiſſement immanquable de leur population. Les revenus de ces grands établiſſemens augmenteroient même à meſure de ces affranchiſſemens par les cens ou redevances modérées dont le propriétaire conviendroit avec eux, ſanctionné par la loi, ou par le rembourſement d'argent.

Ces familles affranchies établiroient, ſur les terreins que leur auroit concédés le propriétaire, ou le Gouvernement, des *hattes* (ou ménageries de gros & de menu bétail) des places à vivres, des plantations de coton, de café, de cacao, d'indigo, de tabac ; ils exerceroient des arts & métiers dans la Colonie, &c. ; & on ne voit point impoſſible, quand ces affranchiſſemens auroient aſſez augmenté, qu'il s'établît de nouvelles Sucreries par des aſſociations faites entr'eux.

Il ſemble qu'un régime ſi évidemment proſpere pour le Colon & pour le Cultivateur Nègre, tendant à l'avancement des Colonies, devroit être ſaiſi avec empreſſement par tous les Colons. On a lieu de croire qu'il le ſeroit en effet par quelques-uns ; mais le plus grand nombre des perſonnes qui poſſédent des biens dans les Colonies n'eſt pas de cette trempe, & ſe laiſſe entraîner par une routine établie & un uſage héréditaire. S'il n'y avoit dans les Colonies que de grands propriétaires, que des gens raiſonnables & humains pour poſſéder les eſclaves & les diriger, le ſort des Noirs étant par-tout ſemblable à celui qu'on cite par exception ſur quelques habitations ſagement conduites, il ſeroit facile de persuader à ces personnes choisies de faire un pas de plus vers l'amélioration du sort de leurs Cultivateurs ; elles sentiroient aisément que ce n'est pas tout faire que de les nourrir & de les soigner, que l'activité, le bon ordre & les revenus augmenteroient infailliblement en les y intéressant ; ces personnes tenteroient volontiers l'expérience que je viens d'indiquer, & je suis plus que persuadé que la tentative suffiroit pour obtenir une réussite complette. Mais les Colonies sont en grande partie composées (quant à leur population blanche) de gens étrangers à la terre, qui y sont impatiemment, affectant même du dégoût pour ce séjour & le desir de le quitter, gens le plus souvent sans éducation, sans mœurs, sans instruction : tous sont habiles à posséder des esclaves ; mais il s'en faut de beaucoup que tous aient les idées par lesquelles des hommes doivent être gouvernés : n'étantlà qu'avec le projet de faire une fortune rapide & de s'en aller le plutôt possible en jouir en Europe, tout ce qui peut accélerer leur fortune, ou y concourir, leur paroît bon & légitime, & tout ce qui retarde ou empêche leurs profits, leur semble un crime : les esclaves sont leur principal, presque leur unique moyen de fortune, prêts à les revendre ; ils ne s'attachent jamais à eux, ni ne s'inquiettent d'autre chose que de tirer d'eux tout le travail possible. Ce n'est pas de cette espece inférieure, qui forme le plus grand nombre, que l'on doit attendre aucune amélioration. On ne doit pas se dissimuler d'ailleurs que le préjugé généralement répandu dans les grandes Colonies résistera long-tems à cette révolution, que l'intérêt particulier & mal raisonné du moment se trouvera sans cesse en opposition avec l'intérêt général & plus solide de l'avenir.

On aura encore à vaincre le préjugé

de la plûpart des perſonnes qui ont influence dans cette adminiſtration, parmi leſquelles il exiſte une perſuaſion aſſez générale que l'eſclavage eſt eſſentiellement néceſſaire à l'exiſtence & à la proſpérité des Colonies, & que la Traite des Noirs eſt indiſpenſable au maintien & à l'accroiſſement de leur population.

En ſuppoſant que quelques perſonnes plus éclairées & plus ſenſibles tentent, en adoptant ces idées, de faire quelques eſſais particuliers d'amélioration au ſort des Noirs, & d'accroiſſement à leur population, il en réſultera pour eux-mêmes & pour le Gouvernement beaucoup de bien : mais ces exemples, partiels & bornés au plus petit nombre, ne pourront obtenir complettement leur effet, tant qu'ils ſeront en oppoſition directe & en exception au régime établi par la loi; & le ſyſtême actuel de l'Adminiſtration & de la légiſlation Coloniale, réſiſteroit à l'entier développement de ce régime de liberté, jusqu'à ce qu'il fût adopté par tous ; ce dont on peut difficilement se flatter.

D'APRÈS toutes ces considérations, on pense qu'il seroit beau & intéressant de voir les Nations qui possédent des Isles à Sucre (& sur-tout la France l'Angleterre qui ont des terreins à leur disposition, lesquels n'ont pas encore été établis) faire de nouveaux établissemens dans des contrées où l'esclavage n'a point encore été introduit, dans les vues de prouver aux Colons qu'il est possible de faire du Sucre & toutes les autres denrées coloniales, sans tenir les hommes sous le joug arbitraire de l'esclavage.

QUI peut douter en effet que si, dans le quinzieme siecle, on eût menagé, civilisé & instruit ce million d'hommes que

que l'on dit avoir été trouvés dans l'Isle d'Haiti (à présent Saint-Domingue) lors de sa découverte ; si on se fût attaché ce peuple doux & hospitalier au lieu de le détruire, si on lui eût joint avec précautions, mesure & politique, des émigrations de gens de métiers & de talens ; si on en eût agi de même à l'égard des Caraïbes des Antilles & autres pays de l'Amérique, si on eût établi dans nos Colonies une législation sage & humaine, sans jamais songer à ce moyen odieux de l'esclavage ; qui peut douter, dis-je, que Saint-Domingue n'eût pu être, sous cette forme différente, bien plus peuplée & plus productive qu'elle ne l'est avec ses 500 mille Noirs esclaves ? & les autres Colonies n'auroient-elles pas pu prospérer de même par les mêmes moyens.

Qu'il me soit permis de citer ici un passage d'un ouvrage estimé sur les affaires actuelles, attribué à un Prélat du premier mérite, où cette même idée est exposée, à la suite d'un raisonnement court & concluant sur l'esclavage.

» Dans nos possessions d'Amérique,
» on pourroit dès ce moment choisir
» quelque Canton, ou une Isle, pour y
» établir des propriétés & des Cultiva-
» teurs libres : il ne faudroit pas trop
» écouter les Colons, car ils raisonnent
» sûrement comme raisonnoient nos an-
» cêtres dans le dixieme siecle «.

CONCLUSION.

L'Esclavage eſt une inſtitution vicieuſe & injuſte ; la Traite des Noirs eſt une barbarie encore plus condamnable.

Que les Colonies ſe maintiennent & que l'eſclavage s'y conſerve encore quelque-tems, puiſqu'il n'eſt que trop vrai qu'il ne peut diſparoître que par gradations, à moins de cauſer des pertes aux Colons & du danger à nos établiſſemens ; mais il faut proſcrire dans l'inſtant la Traite.

Il eût été poſſible aux Fondateurs de nos Colonies de les cultiver ſans réduire leurs Cultivateurs en eſclavage : ils ſurprirent un loi odieuſe à la Religion des Souverains pour autoriſer l'eſclavage dans nos Colonies, en donnant une ſanction à la Traite des Eſclaves qui eſt un tiſſu de brigandages : nous jouiſſons de leur ouvrage ; mais ſi nous voulons en jouir ſans remords, améliorons le ſort de ces victimes de la cupidité, & ceſſons déſormais d'en augmenter le nombre.

A meſure que les Colons ſe prêteront à ces vues d'ordre & d'humanité, en paroiſſant faire le plus noble des ſacrifices, ils feront leur propre avantage; on verra réſulter plus de proſpérité aux Colonies & au Commerce National; on y éprouvera plus de tranquillité, plus de sûreté, une augmentation conſtante à la population de ces établiſſemens, ſans employer aucuns moyens forcés, ni contraires à nos principes : il ne faut pour s'en convaincre que ſe repréſenter cette vérité ſi reconnue, que la population croît ſenſiblement par-tout où ſe trouvent le bonheur & les ſubſiſtances.

Envoi à MM. les Députés de la Nation.

O ! vous, l'élite de la plus belle Nation & de la plus généreuſe, aſſemblés en préſence de l'univers pour réparer les maux de l'humanité ſouffrante, pour ſoutenir le foible contre l'oppreſſion du fort, pour faire jouir les pauvres du ſacrifice des riches ! daignez vous occuper un inſtant du ſort de 500 mille Cultivateurs qui ſont partie des ſujets de ce vaſte empire, qui vous procurent par leurs travaux des denrées agréables & utiles, qui fourniſſent des moyens conſidérables au Commerce & l'activité Nationale, qui en donneront encore bien davantage, ſi leur induſtrie eſt encouragée & leur population ſoignée & menagée ; ils vivent ſous le Gouvernement François, & cependant, par un abus injuſtifiable, ils ſont ſoumis à une loi qui eſt en contradiction avec vos mœurs, votre Religion, vos principes conſtitutionnels ; ils ſont aſſujettis à un régime arbitraire duquel rien ne peut les délivrer que l'autorité ſouveraine qui les y a condamnés : ſans amis, ſans défenſeurs, ſans Magiſtrats (1), n'ont-ils pas quelques droits à votre protection ? Et n'eſt-il pas bien certain que le Roi le plus humain & le mieux diſpoſé à bien faire ſanctionnera avec empreſſement, ce que vous ferez en leur faveur. Croyez que nul objet n'eſt plus digne de vos glorieux travaux que la ſuppreſſion

---

(1) On peut dire avec vérité que les Nègres ſont ſans défenſeurs & ſans Magiſtrats, quoiqu'il y ait une forme de juſtice en leur faveur ; puiſque ces Magiſtrats ſont toujours à leur égard juges & parties, puiſque (dans les cas très-rares & qu'on évite le plus que l'on peut, où les barbaries des Maîtres occaſionnent des procédures en faveur des eſclaves) le témoignage des eſclaves eſt ſans valeur, & les jugemens ſont toujours guidés par le préjugé qui veut que les Blancs ne ſoient pas compromis ; & par conſéquent le Blanc coupable eſt toujours ménagé.

de la Traite des Noirs, & la réſolution priſe dès-à-préſent de préparer les voies à celle de l'eſclavage, par tous les moyens graduels indiqués ici rapidement, ou tels autres , que la propre diſpoſition des propriétaires fera éclore ſucceſſivement, encouragée par l'autorité ſouveraine.

F I N.

MÉMOIRE

En faveur des gens de couleur ou sang-mêlés de St.-Domingue, & des autres Isles françoises de l'Amérique, adressé à l'Assemblée Nationale.

Par M. GRÉGOIRE,
Curé d'Embermenil, Député de Lorraine.

A PARIS,
Chez BELIN, Libraire, rue St.-Jacques, N°. 27.

1789.

MÉMOIRE

En faveur des gens de couleur ou sang-mêlés de St.-Domingue, & des autres Isles françoises de l'Amérique, adressé à l'Assemblée Nationale.

Messieurs,

En aucun pays il n'y a tant d'abus qu'à St.-Domingue (1), c'est l'assertion d'un homme, qui, après avoir habité cette premiere Colonie de la France, a donné au Public le fruit de ses réflexions. Et par quelle fatalité les abus les plus révoltans furent-ils toujours les plus tenaces? Tels sont ceux qui attentent à la liberté. Sans cesse elle est contrainte de lutter contre la tyrannie, qui, depuis la naissance du monde le parcourt pour ravir à l'homme cette portion inaliénable & sacrée

(1) Les Notes sont à la suite du texte.

de ſon patrimoine. Malheureux pour la plupart, les peuples courbent la tête ſous la maſſue féodale des Satrapes, ou ſe laiſſent conduire au carnage pour enſanglanter les lauriers, & aſſouvir la férocité de quelques brigands qui conſiderent les Nations comme leurs propriétés & leurs jouets.

La féodalité n'a pas pénétré dans nos iſles, quoique les diſpoſitions du Code noir l'y autoriſaſſent (2); mais elles n'ont échappé à ce fléau que par un autre, & les Blancs ayant la force, ont prononcé, contre la juſtice, qu'une peau rembrunie excluoit des avantages de la ſociété. Enorgueillis de leur teint, ils ont élevé un mur ſéparatif entr'eux & une claſſe d'hommes libres, qu'improprement on nomme *gens de couleur* ou *ſang-mêlés* (3). Ils ont voué à l'aviliſſement pluſieurs milliers d'eſtimables individus, comme ſi tous n'étoient pas enfans du pere commun.

On ne manque pas d'argumens, & le choix ſeul embarraſſe lorſqu'il s'agit de défendre les grands intérêts des hommes; mais quand ces intérêts ſont liés au ſort d'un Empire, la queſtion ſe complique & devient plus délicate. Il faut l'enviſager alors ſous le double aſpect de la politique & de l'humanité; & pour aſſeoir ſon jugement, l'homme ſenſible doit ſe placer à côté de l'homme d'Etat.

Quatre queſtions ſe préſentent relativement aux gens de couleur libres. 1°. Seront-ils aſſimilés en tout aux Blancs ? 2°. Auront-ils des Repréſentans à l'Aſſemblée Nationale ? 3°. Quel en ſera le nombre ? 4°. Ceux qui demandent de remplir cette fonction, ont-ils miſſion légale ? L'examen préalable de ce qu'ils ſont dans nos Colonies, amenera la ſolution de ces demandes, en nous apprenant ce qu'ils doivent être.

Supporter toutes les charges de la ſociété plus que les Blancs, n'en partager que foiblement les avantages, être en proie aux mépris, ſouvent aux outrages, aux angoiſſes, voilà le ſort des gens de couleur, ſpécialement à St.-Domingue.

1°. Seuls ils font le ſervice de la Maréchauſſée, & s'en acquittent ſoigneuſement, à moins que la crainte ne les porte à pallier les délits des Nègres, dont les maîtres Blancs accableroient les captureurs du poids de leur vengeance.

2°. Tous les hommes de couleur étoient encore ſoumis, il y a peu, à la conſcription militaire ; enrôlés à l'âge de ſeize ans, ils devoient ſervir tous les trois ans juſqu'à ſoixante. Une mulâtreſſe, épouſe d'un Blanc ayant perdu ſon mari, appelle auprès d'elle pour conſoler ſa douleur & ſurveiller ſon commerce, un fils, qui pour lors étoit en France ; à peine a-t-il abordé l'iſle, qu'on veut l'entrôler; la mere désolée s'arrache à ses embrassemens, & le renvoie dans la Métropole chercher une liberté qu'il ne trouve pas sous l'horizon qui l'a vu naître. Et nous osions crier contre la presse des matelots en Angleterre!

3°. Tout homme de couleur est astreint au service de piquet, c'est-à-dire, que chaque six ou sept semaines, il est obligé d'en passer une entiere à la porte d'un Commandant ou autre Officier, avec un cheval toujours harnaché, & prêt à faire toutes les courses ordonnées. Ainsi le malheureux cultivateur est contraint de laisser à la discrétion de ses Nègres une plantation, dans laquelle souvent au retour il trouve tout négligé ou bouleversé; le manouvrier est condamné à perdre un tems réclamé par sa famille indigente; il faut qu'il dépense au moins quarante-huit livres dans cette semaine, pour fournir & nourrir un cheval, qui, à la fin, périt quelquefois excédé de fatigue, & le tout, afin de servir les caprices d'un homme, qui prétexte le service du Roi dans un pays où les préposés civils, & surtout militaires, ont la toute-puissance des Visirs.

Ces charges odieuses sont aggravées par des privations aussi injustes qu'humiliantes.

Défense aux gens de couleur d'exercer certains métiers, comme l'orfévrerie. Dira-t-on que c'eſt faute d'aptitude ou de fidélité ? ils ont ſignalé leur probité & leur adreſſe.

Défenſe d'exercer la médecine & la chirurgie, à peine de cinq cent livres d'amende & de punition corporelle.

Défenſe de porter des noms européens, injonction de prendre des noms africains (4). On m'a donné deux motifs de ce décret : 1°. Afin que la diſparité des noms établît celle des rangs, car dans tout pays la ſotte vanité a prétendu ſubordonner la vertu même aux qualifications & aux parchemins. 2°. Dans la crainte qu'à la faveur d'un nom commun les gens de couleur ne s'impatroniſaſſent dans des familles dont ils envahiroient l'héritage, comme ſi les ſucceſſions étoient dévolues par l'identité de dénomination, & non par des titres de filiation. A coup sûr, ſi c'étoit là un inconvénient, il troubleroit la France entiere. On a même voulu leur conteſter le titre de *Colons Américains*, comme ſi des cultivateurs ne pouvoient s'appliquer la ſeule définition raiſonnable que comporte le défini.

Injonction aux Curés, Notaires, & autres hommes publics, de conſigner dans leurs actes les qualifications de *mulâtres libres*, *carterons libres*, *ſang-mêlés*, *&c.* Ce ne peut être pour les diſtinguer des eſclaves, puiſque par un autre abus, on ne tient aucun regiſtre qui conſtate l'exiſtence civile de ceux-ci; mais toujours pour frapper d'opprobre, & tenir à grande diſtance, des individus dont le crime eſt d'avoir l'épiderme nuancé différemment.

Défenſe de manger avec les Blancs. En vertu de ce réglement publié dans la Bande du ſud, on a vu des gens de couleur indignement arrachés de la table d'un Capitaine blanc, dont ils avoient accepté les preſſantes invitations.

Défenſe de danſer après neuf heures du ſoir, encore faut-il, pour prendre ce divertiſſement, avoir la permiſſion du Juge de police.

Défenſe d'uſer des mêmes étoffes que les Blancs. Des Archers de police furent commis à l'exécution de ce décret; on les a vus ſur les places publiques, aux portes même des égliſes, arracher les vêtemens à des perſonnes du ſexe, qu'ils laiſſoient ſans autre voile que la pudeur.

Défenſe de ſe ſervir de voiture, ſous peine de priſon pour les contrevenans, & de confiſcation des voitures & des chevaux. Un carteron eſtimé, négociant, voyageoit en chaiſe, un ſieur Prodejac l'arrête dans la ville du petit Goave, & le force à deſcendre de voiture, en diſant: *Un gueux de mulâtre comme toi, doit-il voyager plus commodément que moi?* Il ajoute des coups de canne à cette apoſtrophe. L'affaire eſt plaidée, le premier Juge condamne Prodejac à cinq mille livres d'amende *envers les pauvres*. La cauſe eſt portée par appel au Conſeil, qui met les parties hors de Cour, malgré les preuves les plus authentiques du délit (5).

Défenſe de paſſer en France. Ils ne peuvent émigrer qu'en ſecret d'une patrie qui les traite en marâtre, & les répute coupables lorſqu'ils s'échappent pour venir chez nous faire retentir leurs juſtes plaintes.

Excluſion de toutes charges & emplois publics, ſoit dans la judicature, ſoit dans le militaire; ils ne peuvent plus aſpirer aux grades d'Officiers, quoiqu'en général on les reconnoiſſe pour gens très-courageux. On ne veut pas même que dans les compagnies de milices, ils ſoient confondus avec les Blancs. Quelles que ſoient leurs vertus, leurs richeſſes, ils ne ſont point admis aux aſſemblées paroiſſiales. Dans les ſpectacles ils ſont à l'écart, le mépris les pourſuit juſqu'à l'égliſe, où la religion rapproche tous les hommes, qui ne doivent y trouver que leurs égaux. Des places diſtinctes leur ſont aſſignées.

L'opinion & divers décrets repouſſent des emplois, même les Blancs qui ſe marient avec des femmes de couleur; le nommé Guerin étoit Marguillier aux Cayes de Jacmel, il épouse une estimable carteronne, aussi-tôt intervient une sentence de la Jurisdiction du Quartier, qui l'oblige à sortir de l'œuvre, & cette sentence est confirmée par le Conseil supérieur. Vous saurez, MM., que par une contradiction étrange, les Juifs si mal-à-propos outragés en Europe, ne le sont point dans nos isles, & vers le même tems un Juif, connu pour tel, étoit Marguillier de la Paroisse d'Aquin (6).

La conscription militaire n'a plus lieu, mais le service de piquet continue. Les prohibitions relatives aux vêtemens & aux voitures sont tombées en désuétude; mais le moindre caprice d'un Gouverneur peut faire revivre des ordonnances qui étant abrogées de fait, ne le sont pas de droit. Tous les autres décrets, dont le but est *d'écarter à jamais les sang-mêlés des avantages réservés aux Blancs* (7) sont en vigueur, & l'opinion les fortifie.

Le mépris habituel, les injustices, la cruauté envers les gens de couleur, ont trouvé des apologistes. Plusieurs Ecrivains ont souillé leur plume, en défendant la cause de la tyrannie réduite en systême. L'Auteur des *Considérations sur Saint-Domingue*, (Hilliard d'Auberteuil) avance gravement, *que tout ce qui procéde des Blancs, doit paroître sacré aux Noirs & gens de couleur* (8): c'est-à dire qu'il faut égarer leur raison pour dominer leurs sentimens, & les conduire avec la docilité des bêtes de somme. *L'intérêt & la sûreté veulent*, dit-il, *que nous accablions la race des Noirs d'un si grand mepris, que quiconque en descendra jusqu'à la sixieme génération, soit couvert d'une tache ineffaçable.* Ainsi *l'intérêt & la sûreté* seront pour les Blancs la mesure des obligations morales. Nègres & gens de couleur, souvenez-vous-en. Si vos despotes persistent à vous opprimer, ils vons ont tracé la route que vous pourrez suivre. Après des assertions de cette nature, l'Auteur n'étonne plus lorsqu'il dit : qu'un *cocher de fiacre est bien au-dessus d'un mulâtre*, que *les Blancs doivent être autorisés à se faire justice des mulâtres ; qu'un Blanc accusé par un Nègre de l'avoir maltraité, volé, &c. doit être cru sur sa simple dénégation, même contre des témoins Nègres & mulâtres, parce qu'ils sont partie*, & que sans doute le Blanc ne l'est pas.

Si les gens de couleur, ajoute-t-il, *osoient frapper un Blanc, même quand ils en sont frappés, ils seroient punis avec rigueur. Telle est la force du préjugé contre eux, que leur mort, en ce cas, ne paroîtroit pas un trop grand supplice : cette sévérité sera peut-être injuste ; mais elle est nécessaire.* Grand Dieu, quelle morale ! Plus bas nous verrons le même Auteur, entraîné par l'ascendant de la vérité, rendre un témoignage éclatant aux vertus des sang-mêlés, & prouver par des aveux forcés, les torts des blancs à leur égard.

Vers 1770, un Magistrat du Port-au-Prince qui, par sa place, devoit être le protecteur du pauvre opprimé, s'exprimoit ainsi. *Il existe parmi nous une classe naturellement notre ennemie, & qui porte encore sur son front l'empreinte de l'esclavage ; ce n'est que par des loix de rigueur qu'elle doit être conduite. Il est nécessaire d'appesantir sur elle le mépris & l'opprobre qui lui est dévolu en naissant. Ce n'est qu'en brisant les ressorts de leur ame, qu'on pourra les conduire au bien* (9). Des hommes que *l'on conduit au bien en brisant les ressorts de leur ame !* L'Auteur peut choisir entre le délire de la raison & la férocité du cœur.

La conduite des blancs est concordante à ces principes, & comme s'il ne leur suffisoit pas de verser l'humiliation sur les gens de couleur, ils inspirent les mêmes sentimens à leurs Nègres, qui affectent ensuite le ton de supériorité envers les esclaves des mulâtres.

Des attentats contre la majesté des mœurs, résultent du mépris dont on couvre les sang-mêlés. Un Blanc convoite une fille ou femme de couleur. Il entre chez elle, même ſans la connoître; c'eſt un homme réſervé, lorſqu'il ne s'échappe qu'en propos licentieux. Le pere ou le mari préſens oſeront-ils chaſſer l'impudent, qui menacera de les rouer de coups, qui tiendra parole, & qui les fera punir enſuite, en diſant : *ce mulâtre m'a manqué.* Si le Blanc eſt un homme en place, & que celui qui met obſtacle à ſes deſirs ſoit dans ſa dépendance, on ſe débarraſſe de ſa préſence importune, en lui commandant des corvées. Pendant ce tems, tous les moyens de ſéduction ſont mis en uſage pour corrompre l'innocence, & la liberté du pere ou du mari devient quelquefois le prix de la proſtitution. Pardon MM., ſi je vous retrace ici ces turpitudes, qui excitent l'indignation & non la ſurpriſe, car elles rappellent une des mille & une cauſes qui faiſoient pleuvoir jadis les lettres-de-cachet.

Du mépris à l'injuſtice, il n'y a qu'un pas; auſſi faut-il que le mulâtre ait ſix fois raiſon, pour obtenir une fois juſtice. Il faut qu'il ait été grievement maltraité par un Blanc, même du bas étage, il faut que le délit ſoit prouvé juſqu'à l'évidence, pour être puni par vingt-quatre heures de priſon. L'homme de couleur n'a pas même le droit des animaux, celui de repouſſer la force par la force; & s'il ſe défend lorſqu'on l'attaque, un châtiment rigoureux lui apprend à ne plus user de ses droits. Hilliard d'Auberteuil, cité précédemment, ne vous a-t-il pas dit qu'en pareil cas, la mort même ne paroîtroit pas un trop grand supplice ? Et de peur qu'on ne révoque en doute sa véracité, je me hâte de citer le trait suivant. Un Blanc jouant avec un homme de couleur, voulut le tromper, celui-ci le lui reproche; le Blanc le frappe, l'insulté se défend; l'aggresseur porte plainte, & l'infortuné mulâtre condamné à être pendu n'est qu'effigié, parce qu'il prend la fuite.

Celui qui dans ma maison peut braver la pudeur, m'injurier, me battre, peut également me ravir mon bien, pourvu qu'au vol il joigne des menaces, de mauvais traitemens, qui intimideront ma résistance; car si je résiste, je serai traîné dans ce qu'on ose appeller le sanctuaire de la Justice: là j'aurai pour accusateurs, pour Juges, pour exécuteurs, les préjugés, la haine & la force; puni avec une partialité révoltante pour des délits légers, ou même sans délit, je serai sans cesse sacrifié à la vengeance, à l'avarice, dont l'impunité est assurée.

Il est vrai que depuis une quinzaine d'années, les loix féroces sont un peu moins énergiques, & les actions atroces moins communes. Cette peinture hideuſe ne convient point à tous les Blancs ; pluſieurs ſont hommes, & forment une exception d'autant plus éclatante, qu'elle a moins d'imitateurs. Des êtres ſenſibles, qui n'ont point iſolé leurs affections, trouvent leur bonheur dans celui de leurs freres ; mais pourquoi faut-il qu'ils ſoient entourés d'individus dont le cœur eſt pétrifié ?

Ceux-ci répondent qu'en général, les mulâtres eux-mêmes ſont durs envers les eſclaves. 1°. Récriminer n'eſt pas répondre. 2°. Des faits très-peu nombreux ne comportent pas une induction générale ; mais 3°. il ne manque à leur aſſertion qu'une petite choſe, c'eſt d'en adminiſtrer les preuves. Et lorſqu'en 1784 un Edit plus humain ſtatua :

Que les Négreſſes ſeroient exemptes par ſemaine d'autant de jours de travail, qu'elles auroient d'enfans à nourrir.

Que les eſclaves chommeroient les Dimanches & les Fêtes, qu'on ne pourroit les forcer au travail avant la fin ni après le retour de la nuit.

Que la peine infligée par le maître à ſon eſclave, n'excéderoit pas vingt-cinq coups de fouet.

Qu'un châtiment plus rigoureux ſeroit pourſuivi au criminel, &c.

Qui a réclamé contre ? ſont-ce les ſang mêlés ?

Non, les Blancs ſeuls, & ſur-tout les Européens en général plus cruels que les Créoles, ont étourdi les Miniſtres par leurs remontrances, & l'Edit enregiſtré preſque forcément, eſt demeuré ſans exécution.

Qu'on viſite les habitations des Blancs & des gens de couleur; où trouvera-t-on plus de ces inſtrumens deſtinés à tourmenter les Nègres? où verra-t-on de ces cachots dans leſquels un homme ſerré par tout le corps, ne peut ſe tenir que debout?

Tel Maître blanc étoit ſi bien connu par ſa férocité, qu'on faiſoit trembler tous les eſclaves déſobéiſſans, en parlant de les vendre à ce tigre.

Tel autre fut menacé par M. d'Ennery, Gouverneur, d'être renvoyé en France, s'il continuoit à fuſiller ſes Nègres.

Tel autre, non-content d'accabler de travaux ſes Négreſſes, leur arrachoit encore le honteux ſalaire d'un honteux libertinage.

Tel autre faiſoit ſans ceſſe retentir la plaine des hurlemens de ſes eſclaves, dont le ſang ruiſſeloit dans les plantations, où, comme celui d'Abel, il crie vengeance; ſon plaiſir étoit enſuite de ſe faire ſervir à table par ces malheureux dont les chairs pendoient en lambeaux.

Tel autre caſſoit une jambe à tout Nègre coupable

pable de marronage, & le laissoit sur place jusqu'à ce que la gangrene exigeât l'amputation.

Tel autre..... Mais mon cœur oppressé, déchiré m'interdit d'autres détails, & l'on voudra nous persuader, que des hommes acharnés contre les Nègres, sont humains envers les sang-mêlés qu'ils abhorrent! Qu'on en juge par le tableau que nous avons ébauché. A-t-il donc tort, le Chevalier des Landes, en assurant que la vie des gens de couleur est à la merci de la colere & du caprice (10)?

Et quels sont ces hommes que le mépris conspue? La plupart ont acquis leur liberté à titre honorable, les uns par de sages économies, d'autres l'ont obtenue de leurs maîtres, dont ils avoient captivé l'estime. Citoyens laborieux, ils font fleurir les plantations, il y a parmi eux de grands propriétaires, ils augmentent la masse des richesses coloniales, & partant concourent à la prospérité de l'Etat.

Personne n'est plus agile pour gravir les mornes, & ramener les Nègres marrons; ils sont un sûr appui contre l'insurrection des Esclaves: on donne quelquefois par préférence les commissions périlleuses à cette classe d'hommes, dont la bravoure est connue. Dans la derniere guerre d'Amérique, ils ont déployé leur intrépidité à Savannah.

On ne peut leur reprocher un génie turbulent & séditieux. Leur patriotisme a éclaté lors même qu'on vouloit l'étouffer ; quand en 1783 M. de Bellecombe invita les Colons à faire au Roi présent d'un vaisseau, les Blancs contesterent aux sang-mêlés le droit d'y contribuer, mais ceux-ci furent jaloux de se montrer François, & par l'ordre du Général, M. Raimond chargé de faire la collecte dans son Quartier, recueillit 9400 livres parmi 25 individus de couleur (11).

En général, ils ont conservé l'estimable bonhommie des mœurs domestiques. Ils se distinguent, ainsi que les Nègres, par beaucoup de piété filiale, beaucoup de respect pour la vieillesse ; vertu touchante, & presqu'inconnue dans nos mœurs. Plusieurs ont une éducation très-soignée, & laissent cet héritage à leurs enfans. Ils sont hospitaliers. Des Blancs pauvres, ou aventuriers, reçoivent souvent les premiers secours de cette classe, qu'ils méprisent. On a vu de généreuses mulâtresses acheter des enfans de couleur, que leurs peres n'avoient pu affranchir avant leur mort ; elles économisoient pour leur faire le don précieux de la liberté. Jamais l'attachement des sang-mêles pour les Blancs ne s'est démenti. Jamais aucun n'a été complice d'un empoisonnement, ils n'ont point participé au crime de Macanda (12),

& si on compulse les écrous des prisons & les registrés des greffes, on ne trouvera pas quatre hommes de couleur condamnés légitimement pour crime avéré, depuis l'origine de la Colonie.

Observez que Hilliard d'Auberteuil, dont certainement le témoignage n'est pas suspect, alloue lui-même aux gens de couleur la plupart de ces bonnes qualités (13). Il faut donc reconnoître en eux une bien louable propension à la vertu, puisque l'avilissement, le pere de tant de vices, n'a point flétri leur cœur, ni altéré les traits natifs de leur aimable caractere.

La pureté conjugale est la seule vertu sur laquelle les femmes de couleur, mais sur-tout les Négresses, se soient relâchées. Soyons-en peinés, n'en soyons pas surpris. Dans une contrée où les Blanches sont rares, la salacité des Blancs persécute les autres; elles succombent d'autant plus facilement qu'elles sont dominées par l'ascendant de l'autorité ou des menaces, & que d'ailleurs elles ont peu à gagner en épousant des sang-mêlés, privés de la considération publique. Alors, au scandale de la Religion & des mœurs, la sainteté du mariage est remplacé par l'infamie du concubinage, d'où résulte un essaim d'êtres illégitimes, & ce sont les Blancs qui abjurent envers leurs enfans les douces effusions de la paternité.

Voyons actuellement si la sage humanité, si la saine politique, ne repoussent pas de concert une prévention qui ravit les avantages sociaux à des hommes libres. Dans l'antiquité, les esclaves étoient à-peu-près traités comme nos Nègres, mais communément la manumission ne leur laissoit rien à desirer; si cependant chez les Romains, l'affranchi formoit un intermédiaire entre l'esclave & le citoyen, son fils étoit toujours réputé ingénu; d'injustes préjugés n'empêchoient point Epictete ni Horace, de dormir tranquillement sous les lauriers, qui ombrageoient un affranchi, & le fils d'un affranchi.

Par quelle bizarrerie le François méprise-t-il la même chose en Amérique, & pas en Asie? Le préjugé contre les gens de couleur n'infecte gueres les comptoirs de l'Inde, ni les Isles de France, de Bourbon (14), & de Gorée. La raison n'est-elle donc pas une dans les climats divers, & n'est-il pas étrange, que, même à St.-Domingue, la ligne de démarcation des possessions espagnoles & françoises soit aussi celle des opinions, en sorte que d'un côté de l'isle on soit d'une indifférence extrême sur la couleur, à laquelle l'autre partie attache une extrême importance? Les François qui reprochent avec raison aux Espagnols des cruautés dans le nouveau monde, leur cédent dans le même pays la palme de la justice & de l'humanité.

Ce préjugé, qui n'eut pas jadis une si grande extension, ne s'est fortifié que dans des tems très-modernes; il y a une vingtaine d'années que les sang-mêlés pouvoient encore atteindre les grades militaires, mais par les réglemens de 1768, on a ôté les brevets à des Officiers mulâtres, auxquels ou ne pouvoit ravir le mérite d'avoir bien servi la patrie. (15)

Le crime n'est-il donc pas la seule chose qui déshonore! Si la fatalité des événemens vous avoit livré à des forbans qui vous eussent traîné à Maroc, quel sentiment vous accorderois-je? Seroit-ce le mépris, qui répugne à mon cœur, ou la compassion; qui est si voisine de la nature? Ce fut un malheur semblable qui donna occasion à Cervantes de se montrer en Héros, avant d'être un écrivain célébre. Supposons que sur les bords de la Gambie, votre peau blanche vous attire les insultes des Noirs, avec quelle véhémence vous crieriez à l'injustice! Prenons l'inverse. Je suis né mulâtre, que me reprochez-vous? ma couleur? Et qu'importe que les membres du corps politique ayent le tissu réticulaire, blanc, noir ou basané, pourvu que la société prospere? M'objectez vous ma naissance illégitime, ou celle de mes peres? Parce qu'un homme né à 48 degrés de latitude s'est uni dans un autre hémisphere, contre le vœu de la loi, à une femme noircie par les feux de l'Equateur, vous me condamnez à l'opprobre ; pouvois-je choisir les auteurs de mes jours?

D'ailleurs, Messieurs les Blancs, si vous insistez sur l'origine, je vous demanderai quels étoient vos peres ? Les uns étoient ces boucaniers, ces flibustiers qui faisoient trembler & rougir l'humanité, & qui après s'être gorgés de sang alloient le digérer à la Tortue ou à St-Domingue ; d'autres étoient de ces hommes sans aveu que la compagnie des Indes vendoit sous le nom *d'engagés*, pour trente-six mois au prix de trente écus (16). D'autres enfin étoient des émigrans de St.-Christophe après la prise de cette isle, qui, la plupart avoient la même origine, ou étoient gens de couleur ; & lorsque vers 1746 M. de Larnage, Gouverneur de St.-Domingue, statua que les descendans des indigenes seroient réputés Blancs, beaucoup de sang-mêlés se firent déclarer tels, en se disant fils de Caraïbes ; on ne fut pas difficile sur les preuves. Quelles étoient vos meres ? Ne sait-on pas qu'à diverses reprises, on amassa l'écume des carrefours de Paris, les restes dégoûtans de la débauche ? ces vestales furent transportées dans le nouveau monde, chacun prit sa chacune, les unes s'engageoient pour assouvir pendant trois ans la lubricité des colons, d'autres devenoient épouses légitimes de flibustiers, qui connoissoient bien la conduite antérieure de ces femmes, au point que tel leur disoit : « Je » ne vous demande pas compte du passé, vous » n'étiez pas à moi, répondez-moi seulement de » l'avenir. A présent que vous m'appartenez, voilà » (*en montrant son fusil*,) ce qui me vengera de » vos infidélités ; si vous me manquez, il ne vous manquera pas (17). »

Que prouve cette origine contre les colons Blancs ? Rien, & nous ne l'alléguons que pour retorquer un sot raisonnement. Reprochoit-on à Manlius, à Cincinnatus, qu'ils descendoient des brigands fondateurs de Rome. Emprunter le mérite d'autrui, c'est avouer la pénurie de mérite personnel. On l'a dit avant moi, l'homme est fils de ses œuvres ; rappellez-vous les mœurs des sang-mêlés, & concluez.

Quand il s'agira d'abolir la traite, les Planteurs crieront à l'injustice. Cet argument, qui sera débattu, ne frappe pas sur la cause des sang-mêlés ; ils forment une classe libre, à laquelle l'orgueil & la cupidité disputent depuis un siecle des droits imprescriptibles. J'ouvre le Code noir, ou Edit de 1685, articles 57 & 59.

Jecrois devoir rapporter le texte même, quoique mal rédigé. » Déclarons leurs affranchissemens faits dans nos Isles, leur tenir lieu de » naissance dans nos Isles, & les esclaves affranchis, n'avoir besoin de nos lettres de naturalité, pour jouir des avantages de nos sujets naturels dans notre Royaume, terres & pays de » notre obéissance, encore qu'ils soient nés dans » les pays étrangers : octroyons, aux affranchis » les mêmes droits, privileges & immunités dont » jouissent les personnes nées libres; voulons » qu'ils méritent une liberte acquise, & qu'elle » produise en eux, tant pour leurs personnes » que pour leurs biens, les mêmes effets que le » bonheur de la liberté naturelle cause à nos autres sujets. » La loi veut donc que tous les affranchis jouissent de tous les bienfaits résultans de la liberté : mais un préjugé barbare a prévalu; des décrets rendus par les Pachas & les Cadis qui gouvernoient ou jugeoient la Colonie, ont infirmé les dispositions de l'Edit; voilà comme on a privé une portion de citoyens des droits que leur assuroient la loi d'accord avec la nature, & l'on voit des Blancs prétendre justifier leur conduite, en alléguant qu'ils ont trouvé la coutume établie, comme si des abus antiques étoient des abus raisonnables, & que le laps de tems pût sanctionner l'oppression.

Contre le projet d'assimiler en tout les sang-mêlés aux Blancs, on a fait diverses objections; je vais successivement les parcourir & les détruire.

1°. L'Auteur d'un pamphlet qui vient de paroître, nous dit : » Le Nègre est issu d'un sang » pur, le mulâtre d'un sang mélangé : c'est une » espece abâtardie. Il est aussi évident que le Nè- » gre est au-dessus du mulâtre, qu'il l'est que » l'or pur est au-dessus de l'or mélangé (18.) » Si l'Auteur entend que le Blanc n'est pas issu d'un sang pur, évidemment il faut le classer après le mulâtre, puisque celui-ci étant mitoyen, participe moins à la complexion viciée du Blanc. Si au contraire l'Auteur donne au Blanc un sang pur, il faut conclure de son raisonnement, que l'impur peut éclore de principes purs, & que l'or allié à l'argent produit du plomb. J'avoue que je suis un peu honteux de combattre une telle objection à la fin du dix-huitieme siécle. C'est ici le cas de placer un fait, qui rappelle & fortifie un principe de Physique. En général, les gens de couleur sont d'une constitution robuste, parce que le croisement des races améliore l'espèce.

2°. Si vous mettez les sang-mêlés au pair des Blancs, & que l'opinion ne flétrisse plus les mariages mêlés, le pian, a-t-on dit, va se communiquer à la race des Blancs.

Le pian, ou epian, est une maladie cutanée, ulcéreuse, siphillitique, &c. diverses causes, plus communes chez les Nègres, peuvent la faire naître ou l'aggraver, comme la malpropreté & la m'embrane graisseuse plus fournie. Le libertinage des Blancs avec les Négresses est malheureusement commun dans nos Isles : en a-t-on vu plus de Blancs pianistes ? Non. Osera-t-on nous dire que le nombre en sera plus considérable, quand le mariage aura sanctifié ces liaisons illicites ?

Mais, nous dit-on, si vous rapprochez ces diverses classes sur la ligne de l'égalité, les Négresses & les mulâtresses, entraînées par l'espérance de faire des mariages qui flateront leur vanité, provoqueront elles-mêmes les Blancs ; alors les Nègres, dans les transports de la jalousie, égorgeront les Négresses.

Ecartez des terreurs vaines, le crime des Nègres aura toujours un frein puissant dans un pays où il est immédiatement suivi de la peine, avec certitude, en pareil cas, de ne point échapper à celle du talion ; mais il est une réponse plus décisive. L'impossibilité d'avoir des compagnes pourroit seule pousser les Nègres aux fureurs d'un délire érotique. Cela n'arrive pas, quoique, comme nous l'avons déja répété, beaucoup de Blancs libertinent avec des Négresses & des femmes de couleur, qu'ils n'épousent pas, dans la crainte de déroger. Otez cette crainte, tout ce que je vois, c'est que des mariages honorables effaceront l'avilissement du concubinage, les mœurs y gagneront, & les Nègres n'y perdront pas.

Mais, les gens de couleur deviendront insolens s'ils nous sont assimilés; je demande aux Blancs s'ils sont insolens envers les sang-mêlés. Je ne pousserai pas cette thèse; cependant après la peinture que j'ai faite, je prévois qu'on ne me tiendra pas compte de la réticence.

Mais que manque-t-il aux sang-mêlés? Tranquilles dans leurs possessions, ils y mangent en paix les fruits du champ qu'ils ont cultivé sans trouble.

De bonne foi enviez vous le sort de gens que l'opinion avilit, qu'on opprime, qu'on outrage presque impunément? Seriez-vous content d'en être réduits aux mêmes termes; &, pour le dire en passant, l'homme sensible peut-il goûter le bonheur, lorsqu'autour de lui sont une foule d'individus, avec lesquels il refuse de le partager.

Mais les sang-mêlés peuvent compter sur la bienveillance des Blancs; nous sommes leurs patrons, leurs protecteurs, ils tiennent gratuitement de nous une liberté que nous avons payée au fisc. le respect des affranchis envers nous en fut le prix, convient-il, que nos anciens esclaves prétendent au parallele ? D'ailleurs qu'ils calment leur impatience, quand les Assemblées coloniales seront organisées, nous les y appellerons, leurs griefs seront redressés, ils obtiendront tout ce qu'il sera possible de leur accorder.

Je reprends ces réflexions. *Les sang-mêlés peuvent compter sur la bienveillance des Blancs.* Il faut donc juger les Blancs uniquement sur l'avenir, car le passé seroit une mauvaise garantie.

Nous sommes leurs protecteurs. Ils vous regardent comme leurs oppresseurs.

Ils tiennent de nous la liberté, &c. Comptons les sang-mêlés actuels, & voyons combien il en est qui tiennent immédiatement de vous cet avantage. Nous l'avons déjà dit originairement, beaucoup l'ont mérité ou acheté par leur travail, c'est un héritage que plusieurs générations leur ont transmis; au surplus, en stipulant tacitement le respect & la reconnoissance des affranchis envers leurs libérateurs, a-t-on mis en balance le droit de les mépriser, de les vexer ?

Convient-il que nos esclaves deviennent nos egaux ? Je crains bien que ce ne soit-là le fin mot.

Pauvre vanité ! je vous renvoie à la déclaration des droits de l'homme & du citoyen, tirez-vous-en, s'il se peut.

Que les sang-mêlés attendent les Assemblées coloniales, on leur accordera tout ce qu'il sera possible de leur accorder. Cette promesse est louche ; leur communiquerez-vous tous les avantages de citoyen ? répondez d'une maniere positive. Si vous pretendez composer avec eux, ils ne veulent point de capitulation ; si vous avez résolu d'accéder à leurs demandes, pourquoi retarder ce moment ? il seroit plus glorieux à vous, de concourir avec l'Assemblée Nationale, pour leur rendre une justice qu'ils veulent tenir de la loi, & non de vous.

Mais enfin, nous dit-on, si les gens de couleur sont au niveau des Blancs, vous perdez les colonies, qui ne tiennent à vous que par un fil, & la banqueroute est inévitable. Cet argument est le palladium des opposans ; l'objection est spécieuse, voyons si elle est fondée.

On pourroit examiner préliminairement, s'il est utile à la France d'avoir des Colonies. En conservant mes doutes sur ce problême, je le suppose résolu pour l'affirmative, & je dis :

La Métropole peut perdre ses Colonies, ou parce qu'elles seront conquises, ou parce que les

Blancs se sépareront, ou parce que les sang-mêlés feront scission, ou enfin, parce qu'une révolte des Nègres causera aux Colonies une secousse qui les démembrera de la France.

A des princes tourmentés par la rage des conquêtes, il ne faut pas de raison ; mais l'admission des sang-mêlés aux avantages de citoyen, ne fournit pas même le prétexte d'une invasion.

Nous ne ferons point aux colons blancs l'injure de leur prêter un projet de séparation, malgré les inquiétudes qu'on pourroit se permettre sur cet objet (19). Pourroient-ils s'isoler en Corps politique ? Quelques Isles, resserrées pour la population & les moyens, dont les côtes offrent à l'ennemi un facile abord, ne soutiendroient jamais le choc d'une Puissance qui viendroit les heurter. Je ne vois gueres que les Anglois, ou les Anglo-Américains, auxquels ils pourroient être tentés de s'aggréger ; mais nos colons blancs, qui contestent même aux gens de couleur les droits de citoyen, courroient-ils les hazards de la guerre, soit pour s'associer à un Corps politique, qui ne veut plus que des libres, soit pour se livrer aux Anglois, dont le ministere est disposé à supprimer la traite des esclaves (20) de concert avec nous ? Les Blancs ne pourroient sans les gens de couleur, se livrer à une Puissance etrangere, les gens de couleur le pourroient sans eux. Plus que jamais ils le pourront, attendu que leur population, qui augmente journellement, va prédominer.

Dans un Mémoire adressé à l'Assemblée Nationale par les Ministres du Roi, ils observent que les Colonies étant dissemblables de la Métropole par leurs rapports commerciaux, par des localités inhérentes à la nature des choses, exigent des loix différentes; mais la liberté des hommes est un droit comme un besoin dans tous les climats. Les gens de couleur faisant seuls la sûreté de la Colonie contre les révoltes & le marronage (21). Il est au moins très-impolitique de leur ôter la considération nécessaire pour contenir les esclaves. Loin donc que le préjugé qui pese sur les sang-mêlés soit utile à la Colonie, il faut au contraire leur donner du relief, cimenter l'union entre eux & les Blancs, & leurs efforts combinés maintiendront plus efficacement la subordination.

Dans l'impossibilité de reprocher aux sang-mêlés des crimes commis, on leur a supposé des crimes à commettre, comme le projet de rompre avec la France après l'obtention de leur demande. Ainsi, à votre avis, ce sont des serpens qui piqueront le sein sur lequel ils auront retrouvé la vie. A qui persuadera-t-on qu'ils invoquent notre bienveillance, uniquement pour le plaisir d'être ingrats & de trahir la Métropole ? Peut-on imaginer qu'ils manifesteront des intentions hostiles, après avoir acquis par beaucoup de soins & de démarches, les avantages qu'une insurrection facile leur procureroit infailliblement. Ils jurent ne les ambitionner que pour rivaliser avec les Blancs en patriotisme. Si au contraire les sang-mêlés, excédés d'insultes, se réunissent aux esclaves pour briser les liens avec la Métropole, leur triomphe est certain, les Blancs succomberont par leur infériorité. Craignons d'aigrir des hommes qui, profondément affectés de nos refus, chercheroient dans leur force ce qu'ils n'auroient pu arracher à notre justice. La résistance à l'oppression est un droit émané de Dieu, & reconnu par l'Assemblée Nationale.

On objecte que la haine des Nègres contre les sang-mêlés, les empêchera de faire cause commune. Si cette haine existe, sans doute en voici les prétextes. Quelques plantations sont surveillées par des mulâtres non libres, qui, sous peine de punition févere, sont obligés de punir sévérement les Nègres ; ceux-ci, dont l'esprit est peu développé, ne remontent pas aux causes de leurs maux, ils se contentent de détester ceux qui en sont les instrumens

inſtrumens immédiats D'ailleurs les Nègres voyant que les Blancs, peres des ſang-mêlés, dédaignent leurs propres enfans, cette variété de l'eſpèce humaine n'eſt plus à leurs yeux qu'une caſte dégradée, & par intérêt comme par erreur, ils ſe rapprochent, autant qu'il eſt en eux, de la claſſe qui ſeule poſſéde & diſtribue toutes les jouiſſances.

Mais les gens de couleur nient l'exiſtence de cette haine, & proteſtent que les Blancs en ſont ſpécialement l'objet; quoi qu'il en ſoit, vainement, nous dit-on, que l'averſion des Nègres pour les mulâtres nous met à l'abri d'une coalition dont Hilliard d'Auberteuil fait craindre les dangers; l'intérêt réciproque les rapprochera bruſquement, & ſi jamais les ſang-mêlés arborent l'étendard de la liberté, tous les Nègres vont s'y rallier. Croyons-en un colon blanc déjà cité, & dont le témoignage eſt très-recevable, car il ſe montre oppoſé à la pétition des ſang-mêlés : il aſſure que (22) quatre cens mille eſclaves ſont prêts à ſaiſir la premiere occaſion pour ſe ſoulever.

Reſte à diſcuter une derniere objection. Si vous déférez, dit-on, à la demande des gens de couleur, les Nègres voyant la diſtance effacée entre les Blancs & les mulâtres, voudront franchir également cet intermédiaire, & leur révolte sera le signal précurseur de la perte des Colonies.

J'observe d'abord que la traite, déjà plus difficile, ne peut plus se soutenir long-tems. La population Africaine s'épuise annuellement par des exportations nombreuses : mais la traite aura-t-elle un terme fixé par la nécessité des circonstances, sans qu'on puisse en faire honneur à l'humanité des Européens, qui, pour le dire en passant, dans la disette de Nègres, commencent à trafiquer des Indiens? La raison fait des conquêtes étendues & rapides. Les Portugais (23) & les Quakers ont l'honneur d'avoir montré l'exemple d'affranchir. Dignes successeurs des las Casas, des Bénézetz, Messieurs Brissot de Warville, Clarkson, Granville Sharp, James Ramsay, & en général, les *amis des Noirs* Anglois & François, méditent d'amener graduellement les esclaves à la liberté, leurs efforts seront couronnés du succès; encore quelques années, & dans nos annales il restera seulement le souvenir d'un forfait dont une postérité plus sage rougira pour les générations antérieures.

Qu'il me soit permis de fixer un moment les regards sur l'état actuel des Nations, écrasées pour la plupart sous des sceptres de fer. Il y a certainement d'excellens Princes ; mais il est peut-être encore des scélérats couronnés, qui finiront, dit un de mes amis, par n'être plus que des scélérats, qui veulent régner sur des hommes avilis, sur des cadavres & des décombres ; qui préferent des villes incendiées à des villes insurgentes ; qui sacrifieroient des milliers de soldats, plutôt que de manquer un assaut. On prend tant de peine pour élever un homme, tant de précautions avant de condamner un accusé, & des tigres altérés de sang menent impunément des armées à la boucherie! Monstres ambitieux ou enragés, le moment arrive où les Nations éclairées sur leurs vrais intérêts, vous laisseront le plaisir infernal de vous entregorger seuls. Elles ne combattront plus que pour conquérir ou défendre leur liberté. Puissé-je voir enfin ma patrie délivrée à jamais des pervers qui avoient conjuré sa perte, qui vouloient égarer un bon Roi, & perpétuer les maux d'un bon peuple ; puissé-je voir ces généreux Brabançons, dans les plaines qu'ils teignent de leur sang, qu'ils arrosent de leurs larmes, respirer enfin au sein de la paix & du bonheur ; puissé-je voir une insurrection générale dans l'univers, pour étouffer la tyrannie, ressusciter la liberté, & la placer à côté de la Religion & des mœurs qui en modéreront les élans, & l'empêcheront de dégénérer en licence.

Enfin les peuples raſſaſiés de vexations ; affamés du deſir d'être libres, commencent à ſavoir que leurs ſueurs ne doivent point alimenter une ambition effrénée, un luxe révoltant, un libertinage crapuleux ; que les loix qu'ils n'ont pas conſenties, ſont des firmans tortionnaires ; qu'ils doivent avoir des chefs, & jamais des maîtres. Un feu ſecret couve dans l'Europe entiere, & préſage une révolution prochaine, que les Potentats pourroient & devroient rendre calme & douce. Oui, le cri de la liberté retentit dans les deux Mondes, il ne faut qu'un Othello, un Padrejan, pour réveiller dans l'ame des Nègres le ſentiment de leurs inaliénables droits. Voyant alors que les ſang-mêlés ne peuvent les protéger contre leurs deſpotes, ils tourneront peut-être leurs fers contre tous, une exploſion ſoudaine fera ſoudain tomber leurs chaînes ; & qui de nous oſera les condamner, s'il ſe ſuppoſe à leur place ?

Souvent on nous préſente un calcul preſtigieux des intérêts de la Métropole, dans lequel je crois retrouver les viles combinaiſons de l'égoïſme. Vous inſiſtez pour la conſervation de la traite & de la ſervitude des Nègres, parce que des ſuperfluités, deſtinées à ſatisfaire vos beſoins factices, ſont le prix de leur liberté. Ils ſont forcés de dire à leur patrie un éternel adieu. Des régions Africaines, ils ſont conduits, chargés de fer, dans les champs de l'Amérique, pour y partager le ſort des animaux domeſtiques, parce qu'il vous faut du ſucre, du café, du taffia. Indignes mortels, mangez plutôt de l'herbe, & ſoyez juſtes!

Il n'en coûte rien à votre cœur pour prononcer l'arrêt du mépris contre quarante mille hommes de couleur; à vous entendre, s'ils ceſſent d'être avilis, la France fera banqueroute. Je vous avoue n'avoir jamais pu ſaiſir la connexité de ces idées. Les intérêts de la patrie ne maſquent-ils pas ici ceux de l'amour-propre? Ne pouvez-vous jouir de la conſidération qu'autant que cette claſſe d'hommes ſera dégradée? Abjurez un ſot orgueil, & ſoyez juſtes.

Quand ceſſera-t-on de nous dire, que des convenances politiques doivent balancer la juſtice & fléchir la rigueur de ſes loix? Il eſt éternellement vrai que la morale des nations n'eſt point autre que celle des individus. Dans ce fracas continuel, dans cette révolution ſucceſſive de toutes les choſes humaines, la vertu ſeule pour les Etats comme pour les hommes, eſt un point fixe, & la ſtabilité, le bonheur des Empires, réſultent de l'heureux accord des principes politiques avec ceux de la juſtice.

Une conséquence rigoureuse de ce qui précéde, c'est que la rejection des gens de couleur menace l'Etat d'une secousse apable de l'ébranler ; si au contraire vous comblez l'intervalle qui les sépare des Blancs, si rapprochant les esprits, vous cimentez l'attachement mutuel de ces deux classes, leur réunion présente une masse de forces plus efficace pour contenir les esclaves, dont sans doute on allégera les peines, & sur le sort desquels il sera permis de s'attendrir, jusqu'au moment opportun pour les affranchir (24).

Cet acte de justice envers les gens de couleur, aura pour eux tout le prix d'un bienfait ; la gratitude si naturelle à leurs ames, les attachera invariablement à la Métropole, qui aura vraiment mérité le nom de *Mere patrie*. Beaucoup d'entr'eux sont propriétaires. Ce charme secret qui lie l'homme libre à son champ, avivera leur patriotisme, un nouvel essor agrandira leurs ames, fera germer leurs talens, & favorisera la circulation de l'abondance dans les canaux de l'agriculture, du commerce & de l'industrie. Les mariages mixtes n'étant plus soumis à l'anathême des préjugés, les Blancs renonceront à des engagemens illégitimes, qui déshonoroient leur jeunesse. L'espérance presque certaine d'un établissement honorable, encouragera la bonne conduite des filles de couleur. Des liens respectables ne laisseront plus que le souvenir détesté d'un détestable concubinage. Ce nouvel ordre de choses offre la perspective riante de l'éducation régénérée, des mœurs purifiées d'un accroissement de population & de richesses, qui feront fleurir l'Etat & consoleront l'humanité.

Les gens de couleur étant au pair en tout avec les Blancs, on ne demandera pas, sans doute, s'ils doivent être actifs dans la législation, & députer à l'Assemblée Nationale. Soumis aux loix & à l'impôt, les citoyens doivent consentir l'un & l'autre, sans quoi il peuvent refuser obéissance & paiement. Si quelqu'un pouvoit prétendre à posséder plus éminemment ce droit qui est égal pour tous, ce seroient sans doute ceux qui, plus affligés par des vexations longues & multipliées, ont plus de plaintes à former. A la demande des gens de couleur s'opposent de toutes leurs forces Messieurs les Députés des Colonies, qui prétendent en être *vrais* & *seuls* Représentans; *vrais*, soit, l'Assemblée Nationale a prononcé en leur faveur, malgré les réclamations d'un grand nombre de Colons blancs; *seuls*, nous le nions, ils ne peuvent représenter que leurs commettans, les Blancs seuls le sont.

Mais, disent-ils, tous ont été convoqués indistinctement aux Assemblées paroissiales. Les sang-mêlés le nient; dans ce conflit d'assertions, dont l'une détruit l'autre, qui croire? ceux en faveur de qui militent les présomptions & les preuves. On attend celle de MM. les Députés blancs, induits, sans doute, en erreur par de fausses rélations.

Ecoutons ce que leur disent les sang-mêlés: » Une foule de décrets, enfantés par le despo-» tisme, nous privent depuis un siecle du bien-» fait de la loi de 1685. Les preuves irrésisti-» bles en sont consignées dans l'ouvrage d'un » d'entre vous (25). Le témoignage des auteurs » qui ont écrit sur les Antilles, certiore nos allé-» gations. Le public demande s'il est présumable » que vous ayez convoqué une classe d'hommes » que vous avez constamment méprisés, & pri-» vés des avantages exclusivement réservés aux » Blancs. Vous prétendez que nous assistons aux » Assemblées paroissiales; à qui ferez-vous » croire que nous nous épuisons en démarches, en » suppliques, pour obtenir ce que nous avons; & » si vous êtes nos mandataires, comment se peut-» il qu'à vos plaintes ameres contre les Admi-» nistrateurs des Colonies, vous n'ayez pas mêlé » le moindre mot sur les maux qui nous acca-» blent? Cette présomption est étayée de preuves.

» Ce font les lettres adreffées par nous à MM. du
» Chilleau, & de Marbois, avec les réponfes.
» Elles démontrent qu'ayant demandé de nous af-
» fembler, le Miniftre de la Marine renvoye l'af-
» faire à l'Affemblée Nationale « (26).

Elle vient, nous dit-on, d'anéantir les Ordres; peut-elle permettre à une Corporation de députer? La réponfe eft fimple. Une nouvelle forme de convocation eft fubftituée à l'ancienne; mais l'Affemblée Nationale n'eut jamais intention de donner à fes décrets un effet rétroactif, ni de priver du droit de repréfentation quarante mille individus, dont la timidité n'a ofé faire retentir plutôt l'accent de la douleur.

Mais, ajoutent les Blancs, dans les Affemblées futures nous ferons droit fur les plaintes des gens de couleur. Autant eut valu livrer à la décifion des anti-patriotes, les doléances des Communes. Les befoins, les obligations, les droits des fang-mêlés font actuels.

Par quel motif Meffieurs les Députés Coloniaux font-ils donc tant d'efforts pour faire échouer ceux des fang-mêlés? Leurs intérêts font identiques ou divers; font-ils les mêmes? Alors Meffieurs les Députés des Ifles qui defiroient une députation plus nombreufe que celle qu'ils ont obtenue, doivent être flattés de la voir renforcer par l'admiſſion des Députés de couleur, ce qui leur aſſurera une influence plus pondérante dans les délibérations de l'Aſſemblée. Mais ſi leurs intérêts différent ou ſe croiſent, il eſt juſte que les ſang-mêlés puiſſent élever la voix dans l'Aſſemblée Nationale, & faire valoir leurs droits. Au Comité de vérification, actuellement inveſti de l'affaire des gens de couleur, & à la ſéance du ſoir, Jeudi 3 Décembre, j'ai propoſé à Meſſieurs les Députés coloniaux, cet argument, qui eſt reſté ſans réponſe.

Quel doit être le nombre des Députés de couleur? En diſcutant cette queſtion, nous ne partirons pas de la triple baſe décrétée par l'Aſſemblée, puiſque la population ſeule a ſervi de meſure pour déterminer celle des Colons blancs. Cependant il n'eſt pas inutile d'obſerver que les ſang mêlés ſont en plus grand nombre, attachés au ſol par leur goût, leurs occupations, leurs propriétés; que beaucoup de Propriétaires blancs réſident hors de l'Iſle; que parmi les autres il y a beaucoup de pacotilleurs, d'économes, de caboteurs, de pêcheurs, vulgairement nommés *Freres la Côte*. Ces derniers ſont ſouvent des traîtres qui facilitent aux ennemis l'accès de l'Iſle en tems de guerre, & qui en tout tems engagent les eſclaves à voler pour acheter d'eux à vil prix. Beaucoup d'aventuriers qui arrivent dans les Isles, sont des Blancs sans talens & sans ressources.

Les gens de couleur se sont empressés d'offrir à la Nation le quart de leurs revenus, évalué à près de six millions, (argent des Colonies) & en outre, un cautionnement de la cinquantieme partie de leurs biens. Les Blancs ont persifflé ce zèle patriotique, & démenti le calcul. Que répondent les sang-mêlés? » Le revenu total de St.-Domingue est d'environ » cent vingt millions, nous en possédons près du » quart, dont le quart s'éleve à la somme offerte. » Nous conjurons l'Assemblée de statuer sur no- » tre sort, quelques-uns de nous partiront en- » suite pour aller dans les isles réaliser l'offrande » que nous faisons sur l'Autel de la patrie, les » autres resteront en ôtage, & sur les biens de » tous on asseoira l'hypotheque. »

Si l'on en croit une brochure qui vient de paroître (27), il y avoit en 1787 à St.-Domingue 19632 individus de couleur. Vers le même tems on en comptoit environ cinq mille à la Martinique, quatre mille à la Guadeloupe, deux mille à Ste.-Lucie, quatre cens à Tabago, un peu moins à Marie-Galante; mais depuis cette époque, l'accroissement progressif de cette classe est sensible, par la raison déja citée, la rareté des femmes blanches; l'on assure qu'actuellement à St.-Domingue, les sang-mêlés sont au moins aussi nombreux que les Blancs. Ceux-ci ont dix Repréſentans à l'Aſſemblée Nationale ; ſeroit-ce trop d'en demander cinq pour les gens de couleur ?

Mais ici l'on m'arrête pour conteſter la miſſion des ſang-mêlés réſidens à Paris.

Sont-ils François & Propriétaires ? Il exhibent des titres qui leur aſſurent cette double qualité.

Sont-ils libres ? Prouvez qu'ils ne le ſont pas. L'eſclavage eſt un attentat ſur le droit de l'homme, & la liberté ſe préſume toujours. Au ſurplus, ils la certiorent par leurs relations ſociales, par leurs lettres de correſpondance. Et qu'auroient dit Meſſieurs les Députés blancs, ſi ont eut exigé d'eux des preuves de cette nature ? car enfin, la blancheur n'eſt qu'un ſigne équivoque. Quelquefois dès la ſeconde génération, le teint eſt abſolument lavé, à plus forte raiſon peut-on ſe tromper ſur un Tierceron, un Mamelouc, &c. encore eſclave.

Une Aſſemblée réguliere leur a-t-elle conféré un caractere légal. Il me ſemble que Meſſieurs les Députés blancs des Colonies ont moins de droit que perſonne d'être rigides ſur les formes voulues par la loi. La députation doit être intégrale & directe, voilà le principe ; mais il admet des modifications, impoſées par la néceſſité & avouées par la raiſon. Quand une portion nombreuſe &

ſouffrante de citoyens, ſe trouvent conſtitués dans l'impoſſibilité d'émettre un vœu, leur imputerez-vous l'abſence des formalités qu'ils n'ont pu remplir, & leurs peines ſeront elles aggravées par le refus d'en entendre le récit ? Telle eſt la poſition des ſang-mêlés, que nous avons dit n'avoir pu s'aſſembler dans les Iſles. Une centaine d'entr'eux ſe ſont réunis à Paris, après avoir prévenu les Chefs de la ville & député vers les colons blancs, pour préparer les voies au rapprochement des intérêts & des cœurs.

Nombre de lettres, écrites par des gens de couleur des Colonies & des villes maritimes, annoncent une adhéſion, contiennent leurs doléances, & donnent à ces Députés une ſorte de mandat que votre juſtice accueillera ſans doute. Ils doivent donc, à l'inſtar des autres Députés coloniaux, être admis, au moins proviſoirement, ſauf à ordonner une nouvelle convocation générale de tous les colons libres, Blancs & ſang-mêlés, réunis ſur la ligne de l'égalité parfaite (27).

Je propoſe à l'Aſſemblée le décret ſuivant.

Les gens de couleur de Saint-Domingue & des autres Colonies Françoiſes, y compris les Nègres libres, ſont déclarés citoyens dans toute l'étendue du terme, & en tout aſſimilés aux Blancs; en conſéquence, ils peuvent exercer tous les arts & métiers, émigrer des Iſles, fréquenter les Ecoles publiques, & aſpirer à tous les emplois eccléſiaſtiques, civils & militaires.

Les Compagnies de Volontaires ſang-mêlés & Blancs, ſeront incorporées.

Les ſang-mêlés ne feront le ſervice de piquet que d'après des réglemens qui ne laiſſeront rien à l'arbitraire, & conjointement avec les Blancs.

Les maîtres pourront affranchir leurs eſclaves ſans rien payer, les eſclaves pourront ſe racheter en payant ſeulement leur maître. On tiendra regître de l'affranchiſſement, ainſi que des baptêmes, mariages & ſépultures des Nègres.

Le concubinage ſera puni. Si une Négreſſe met au monde un enfant naturel de couleur, ſon enfant ſera affranchi, & ſi le pere eſt connu, il ſera condamné, ſuivant la loi, à 2000 livres de ſucre, pour faire un ſort à l'enfant.

Les Articles 57 & 59 de l'Edit de 1685, ſeront exécutés; tous Edits & Déclarations contraires au préſent décret, ſont abrogés.

Défenſes de reprocher aux ſang-mêlés leur origine, ſous peine d'être pourſuivi comme pour injures graves.

Les Curés ſont invités à uſer de tout le crédit que leur donne leur miniſtere pour effacer le préjugé, & concourir à l'exécution du préſent décret.

Les gens de couleur réunis à Paris, choiſiront cinq Députés, qui, après vérification de leurs pouvoirs, auront, ainſi que les autres Députés Coloniaux, ſéance proviſoire à l'Aſſemblée Nationale, juſqu'à ce que l'on ait procédé dans les Iſles à de nouvelles élections par des Aſſemblées régulieres de tous les citoyens libres, conformément aux Réglemens que l'Aſſemblée Nationale fera ſur cet objet.

La féodalité heureuſement détruite dans le continent François, s'étoit reproduite ſous une autre forme dans nos Colonies ; mais la perſévérance des abus eſt un motif de plus pour les extirper. Il eſt tems que la raiſon plane ſur les prétentions orgueilleuſes de la grandeur & de l'opulence : effaçons toutes les diſtinctions aviliſſantes que la nature réprouve, que la Religion proſcrit : le vice & la vertu doivent être la ſeule meſure de la conſidération publique, comme l'égalité la ſeule meſure des droits des hommes. Vivre n'eſt rien, vivre libre eſt tout, & cette liberté, que des guerriers François ſont allés planter dans les champs de l'Amérique, ſeroit-elle étrangere à nos Iſles ? Non, Meſſieurs, quarante mille individus libres par la loi, mais aſſervis par décrets dérogatoires & par les préjugés, vous devront leur bonheur : pour l'humanité, ce ſera un triomphe de plus, & pour vous un titre de plus à la gloire.

NOTES.

(1) V. Considérations sur l'état présent de la Colonie françoise de St.-Domingue, par M. H. D. L. (Hilliard d'Auberteuil.) Paris 1777. T. 2, page 350.

(2) V. le code noir, Edit de 1685, articles 52 & 53.

(3) Les dénominations *gens de couleur*, *sang-mêlés*, sont insignifiantes, puisqu'elles peuvent également s'appliquer aux Blancs libres, aux Nègres esclaves, &c.; mais dans nos Isles, l'usage a restreint l'acception de ces mots à la classe intermédiaire, dont les individus Blancs & Noirs sont les souches. En voici les ramifications :

Le *Mulâtre* produit par l'union du Blanc avec la Négresse, ou du Nègre avec la Blanche.

Le *Grif*, quelquefois nommé *Cabre*, produit par le Mulâtre avec la Négresse, ou, &c.

Le *Marabou* produit par le Grif avec la Négresse, ou, &c.

Le *Carteron* produit par le Blanc avec la Mulâtresse, ou, &c.

Le *Tierceron* produit par le Blanc avec la Carteronne, ou, &c.

Le *Métis* produit par le Blanc avec la Tierceronne, ou, &c.

Le *Mamelouc* produit par le Blanc avec la Métive, ou, &c.

Quelquefois dès la seconde génération, le teint s'éclaircit, & l'individu est parfaitement blanc.

(4) Cette ordonnance, & presque toutes les suivantes, sont consignées dans *les Loix & Constitutions des Colonies françoises*,

françoises, *&c.* 5 vol. in-4°., par M. Moreau de Saint Mery, Député de la Martinique. *Vide passim.*

(5) Observations importantes sur la décadence du commerce maritime françois aux Colonies, par M. le Chevalier des Landes. Pag. 16.

(6) Le Médecin de Pas, Juif, a été Conseiller au Conseil du Port au Prince. Il a laissé à sa mort des biens considérables dans la Bande du sud. Gabriel de Pas, un de ses neveux, a été Commandant des Milices; c'est un autre petit-neveu du Médecin, qui a été Marguillier de la Paroisse d'Aquin. La famille de Pas est considérée à St.-Domingue.

(7) V. Loix & Constitutions des Colonies. T. 5. p. 356.

(8) Considérations, &c. T. 2. p. 73 & suivantes.

(9) V. Affiches américaines de 1770. On prétend que l'Auteur de cette affreuse assertion, a fait retirer, autan qu'il a pu, les exemplaires de ces affiches.

(10) Observations importantes. P. 24.

(11) Les gens de couleur apprendront sans doute avec reconnoissance, l'ardeur qu'ont apportée à la défense de leur cause, Messieurs Joli, Raimond, & les autres Membres qui ont souscrit leur requête à l'Assemblée Nationale.

(12) Macanda, Chef des Nègres marrons, & quelques autres esclaves, firent usage de poison pour servir leur vengeance particuliere. Ce crime obtint un châtiment mérité. Mais faut-il brûler sans miséricorde, sans preuve, quelquefois même sans indice, tout Nègre accusé de poison? C'est sur quoi se récrie l'Auteur des considérations sur St.-Domingue. T. 1. p. 138.

(13) Considérations, &c. T. 2. p. 73 & suiv.

(14) Le préjugé existe cependant au royaume d'Angola; l'homme de couleur n'y peut s'asseoir devant les Blancs, dont l'orgueil & la lubricité interdisent aux mulâtresses tout ha

billement, & même l'ufage d'une pagne. V. Hiftoire des Voyages, par Prévôt, édit. in-4°. T. 4 & 5.

(15) Dit M. l'Abbé de Cournand, qui a déja plaidé avec fuccès la caufe des fang-mêlés, ainfi que M. de Mirabeau, dans fon courier de Provence.

(16) V. Hift. des Flibuftiers, par Oexmelin, qui, lui-même fut vendu. Hift. de St.-Domingue, par Charlevoix. Hift des Antilles, par du Tertre, Labat, &c.

(17) Oexmelin. T. 1. p. 49.

(18) Réclamations des Nègres libres, &c. P. 1.

(19) V. les réflexions fommaires, adreffées à la France & à la Colonie de St.-Domingue, par M. Laborie. Pag. 13 & 14.

(20) Je cite mon garant, l'eftimable M. Clarkfon, Auteur de *l'Effai fur les avantages politiques de la traite des Nègres.*

(21) V. Encyclopédie, article *Mulâtres.*

(22) Réflexions fommaires, &c. P. 11.

(23) En 1755, le Portugal déclara, qu'à l'avenir tous les fujets volontaires ou forcés de la Couronne feroient citoyens dans toute l'étendue du terme. Si cet édit bienfaifant n'a pas produit au Bréfil tous les fruits qu'on avoit lieu d'en attendre, c'eft parce qu'en édifiant d'une main on a détruit de l'autre; on n'a pas ftimulé l'induftrie; on n'a point affigné de terres aux nouveaux citoyens, un privilége exclufif a frappé le commerce, &c.

(24) Plufieurs villes, le Havre, Bordeaux, Rheims Carcaffonne, ont envoyé à l'Affemblée Nationale des mémoires pour empêcher la fuppreffion de l'efclavage. Il eft bien malheureux que l'humanité foit fi fouvent obligée de compofer avec la politique & l'intérêt. Quand nous agiterons cette queftion, il fera prouvé que l'avantage de la

Métropole, des Colonies, des planteurs comme celui des esclaves, est d'amener graduellement cette révolution. On pourroit commencer par supprimer les primes accordées aux vaisseaux négriers, ensuite la traite, &c. On craint le soulevement des Nègres, & comment ne craint-on pas celui des gens de couleur, qui opéreroit un soulevement général? Plus j'y réfléchis, & plus je suis convaincu que l'intérêt de tous est de rapprocher par l'égalité des droits les sang-mêlés & les Blancs.

(25) V. Loix & Constitutions des Colonies, par M. Moreau de Saint-Mery, &c. Comment donc M. de Thebaudieres, qui a été Procureur-Général au Cap. peut-il nous dire, (vues générales, &c. p. 18.) que les sang-mêlés ont toujours joui, en vertu de l'édit de 1685, des droits communs à tous les citoyens, tandis qu'on lui produit vingt décrets, & plus, qui prouvent démonstrativement le contraire? A la page suivante, on lit. » Non contens d'être nos égaux, ils » (les sang-mêlés) veulent devenir nos supérieurs. » Sans doute, il en produira les preuves. Il demande (p. 20.) si jamais chez les Romains il y eût des affranchis parmi les Sénateurs, les Tribuns, &c. Il est moins question de ce qui s'est fait que de ce qu'il faut faire. Mais il voudra bien remarquer que son raisonnement croule, en ce qu'il suppose que tous les gens de couleur sont affranchis, tandis que les neuf dixiemes sont ingénus. De nouvelles Assemblées sont convoquées, & se tiennent peut-être actuellement à la Martinique & à St.-Domingue. Dira-t-on que les sang-mêlés ont droit d'y assister, parce que la loi ne les exclut pas? Un préjugé impérieux les en élimine; ils n'oseroient s'y présenter. Autant vaudroit dire que les Juifs d'Alsace ou de Metz sont admis aux Assemblées, parce que la loi ne prononce pas leur exclusion?

(26) Les pieces originales sont entre les mains de M. de la Luzerne, qui m'a remis des copies collationnées, je les ai déposées au Comité de vérification.

(27) V. Approvisionnemens de St.-Domingue. P. 6.

P. S. Le service de piquet avoit été aboli par M. de la Luzerne, on m'assure que depuis on a rétabli cette vexation.

Je m'étois proposé d'examiner l'utilité politique des Colonies, relativement à la Métropole. Un de mes amis, M. Voidel, Député de Sarguemines, se charge de cette tâche; le public y gagnera.

FIN.

— 7 —

RÉPONSE

AUX OBSERVATIONS

D'UN HABITANT DES COLONIES,

SUR le Mémoire en faveur des Gens de couleur, ou ſang-mêlés, de Saint-Domingue, & des autres Iſles françoiſes de l'Amérique, adreſſé à l'Aſſemblée Nationale, par M. GRÉGOIRE, Curé d'Embermênil, Député de Lorraine.

Par M. l'Abbé DE COURNAND.

RÉPONSE
AUX OBSERVATIONS
D'UN HABITANT DES COLONIES.

J'AI défendu les gens de couleur ; j'ai attiré pendant quelques momens les regards de l'Assemblée Nationale sur les oppressions dont ils gémissoient. Une voix plus éloquente que la mienne s'est élevée : M. Grégoire, Curé d'Emberménil, Député de Lorraine, s'est déclaré le protecteur de cette cause intéressante. Son Mémoire, rempli de faits aussi vrais que ses raisonnemens sont solides & concluans, est attaqué aujourd'hui par un anonyme. Son adversaire se dit habitant des Colonies : il vise à être gai dans un sujet où il s'agit de savoir si des hommes libres jouiront de leur liberté, ou continueront d'être accablés des humiliations de l'esclavage. L'Anonyme a sans doute bon cœur de trouver le mot pour rire à la situation de quarante mille individus, qui regardent leur état actuel comme le plus grand des malheurs. Il se permet d'outrager dans M. Grégoire un nom cher à la Nation, une vertu connue, & des talens dignes des plus grands éloges. Je rendrai à l'Anonyme ses insultes ; on ne doit rien à qui ne respecte rien. Je ne m'embarquerai point dans la discussion des faits qu'il dénie avec une insigne mauvaise foi, & une impudence bien digne de lui. J'en croirai bien plutôt le témoignage unanime des opprimés que l'insolence de leur ennemi. Il a pris la plume pour calomnier ; je m'en saisirai pour le confondre.

Est-il vrai que les gens de couleur ou sang-mêlés soient vexés dans nos colonies, qu'ils y soient en butte aux mépris des blancs, & quelquefois à leurs outrages ? Ce fait n'est pas douteux ; les blancs de bonne-foi en conviennent ; ceux qui ont de l'humanité desirent qu'on rende aux hommes libres de cette classe les droits de citoyens, qui leur sont assurés par nos anciennes loix. Il est des gens qui nient ces oppressions ; mais est-il vraisemblable que tant de faits consignés en tant de Mémoires, soient faux ? Est-il croyable qu'une classe si nombreuse d'hommes libres se plaigne, s'indigne pour des offenses imaginaires ? A qui voudroit-on le persuader ? Hélas ! il n'est que trop vrai que les torts sont réels, les réclamations justes, & les efforts que l'on fait pour les étouffer, un nouvel outrage. L'anonyme aura de la peine à se tirer de là ; il a beau faire l'agréable aux dépens des gens de couleur, rien n'est moins plaisant que ce qu'ils souffrent ; & si M. l'habitant des colonies avoit tant soit peu d'humanité, il n'employeroit pas ses beaux talens à réfuter des gémissemens par des railleries, & des griefs douloureux par des sarcasmes.

A-t-il daigné s'attendrir une seule fois sur le sort des gens de couleur ? Il lui paroît très naturel qu'ils soient malheureux ; il n'a garde de rien proposer qui tende à améliorer leur situation. Il se retranche dans le préjugé, comme dans un fort d'où il croit braver impunément, & les plaintes des gens de couleur, & les raisons de leurs défenseurs, dont il ose faire insolemment le sujet de ses railleries.

Nos loix avoient marqué, il y a plus d'un siécle, la nature de la liberté accordée aux gens de couleur dans nos colonies, égale en tout à celle des blancs. Des réglemens vicieux, des vexations habituelles ont restreint tantôt plus, tantôt moins, ce bienfait précieux auquel, ni les loix, ni les bienfaiteurs n'avoient prescrit de limites. Des nouveaux-venus, des Jurisconsultes barbares, ont anéanti ou affoibli les dispositions de ces loix humaines. Aujourd'hui encore l'oppreffion trouve des apologiftes ; tel eft l'anonyme. On peut juger de fa raifon, par la maniere dont il arrange les faits ; & de fon cœur, par l'efprit qui regne dans fon écrit.

Tous les honnêtes-gens defirent que les hommes de couleur, libres, rentrent dans leurs droits ; lui, il ne s'étonne ni de la durée du préjugé, ni il n'indique le moyen de le faire finir ; il le regarde prefque comme une chofe néceffaire. Il ne penfe point fur ce fujet comme un affez grand nombre de propriétaires, diftingués par le rang qu'ils occupent dans la fociété, & par la fortune dont ils jouiffent. Sa maniere de voir & de fentir le jette dans la claffe brutale de ces régions, parmi ces aventuriers, qui n'ayant ni feu ni lieu en Europe, vont porter en Amérique la baffeffe de leurs mœurs, & fe croyent autorifés par le préjugé à infulter les naturels du pays. Ce font eux qui déshonorent véritablement le nom Américain aux yeux des ames fenfibles. Celui-ci le flétrit encore davantage par fa lâcheté ; il fe cache de fon Mémoire comme d'un mauvais coup, & foutient la caufe de l'oppreffion avec une plume d'efclave.

Malheureux ! qui es-tu ? où as-tu pris ce ton d'ironie que tu te permets envers le digne Curé d'Embérménil ! Ne ſais-tu pas que le plus grand crime qu'un homme puiſſe commettre contre la ſociété, c'eſt de chercher à tourner la vertu en ridicule ? Tu as l'audace de ricaner, en prononçant le nom de ce courageux défenſeur de l'humanité ! Ta plume coupable ne reſpecte pas même les morts illuſtres dont il rappelle la mémoire ! Scélérat ! tu imputes au vertueux las Caſas d'avoir conſeillé de prendre des nègres pour cultiver l'Amérique ! Dis-nous qui t'a fourni cette anecdote infernale ? Ah ! penſe ce que tu voudras des bourreaux du genre-humain ; mais laiſſe-nous notre Culte pour ce bienfaiteur de l'humanité ; ſa vertu eſt à l'abri de tes calomnies, comme le Curé Grégoire de tes menſonges.

Que prétends-tu par tes fades railleries ſur ce nom de Curé & de Prêtre ? Ne ſerois-tu point gêné par le courage que ces qualités donnent quelquefois ? Tu parois ſurpris qu'un ſimple Curé de Lorraine porte un œil curieux ſur vos riches Habitations, & qu'il aille juſqu'à la ſource de ces richeſſes. Tu ne conçois pas les devoirs d'un Miniſtre de paix ; tu ne ſens pas la nobleſſe de ſon caractere. Tu devrois au moins reſpecter la dignité éminente dont il eſt revêtu, celle de Répréſentant de la Nation ; je te parlerois de ſon ame, ſi tu pouvois l'apprécier, & de ſa raiſon, ſi la tienne pouvoit y atteindre.

J'ai lu tes Obſervations avec le ſcandale d'un homme de bien, & dès ce moment, j'ai pris le parti de te communiquer les miennes. Je t'ai jugé dur & méchant; il y paroît par ton ſtyle froidement compaſſé pour juſtifier les crimes de l'Amerique. Tu ne donnes pas le moindre ſigne de compaſſion aux maux dont tu as été le témoin; tu applaudis aux mauvaiſes mœurs, comme ſi ton pays n'étoit pas ſuſceptible d'en avoir d'autres. Tu regardes la tyrannie comme une choſe naturelle. Félicite-toi de tes Obſervations; elles auroient promis au deſpotiſme un ſuppôt de plus. Elles te dénonceront à la poſtérité comme un calomniateur de l'eſpèce humaine. Mais je te renvoie trop loin: avec tes talens, que peux-tu attendre d'elle? Que peut attendre de toi le Peuple libre à qui tu préſentes de pareils principes?

Oſe retourner en Amérique avec ton écrit: Aſſemble les Gens de Couleur pour leur lire ce que t'a dicté contr'eux ton humeur railleuſe & inſolente. Ils te croiront un monſtre ſorti des enfers pour éterniſer ſur leur tête la malédiction des ſiecles. Tu ſeras témoin de leur friſſonnement & de leurs ſanglots; mais, tu n'en ſeras point touché. Je te devine à ton ſtyle; tu es barbare avec réflexion, & tu triomphes dans ton ame de les ſavoir malheureux. De quel air de ſupériorité tu insultes à ce Raymond, l'un de leurs plus intrépides défenseurs! Ta plus douce jouissance seroit peut-être d'avoir contribué à prolonger leurs misère; mais désespére-toi : leur cause est trop bonne pour craindre tes coups, & la justice éternelle conspire avec leurs défenseurs contre ta lâche perversité.

Ce n'est point par des projets criminels qu'ils veulent réussir; tu leur prêtes ton ame en leur supposant des desseins coupables. Hélas! si leur zele les avoit emportés au-delà des bornes, leur enthousiasme seroit pardonnable; il est si naturel de s'échauffer pour les intérêts de l'humanité! Tu ne connois pas ces mouvemens de la vertu, aussi tu les calomnies; mais à qui persuaderas-tu que le bon droit est de ton côté, lorsque tu combats avec des préjugés contre les plus saintes loix, & contre des faits avérés avec des sophismes?

J'avois formé le projet de répondre pied à pied à tes Observations; mais ma vertu s'est indignée d'une tâche qui m'eût été facile (1), si j'avois eu à ramener une ame droite & honnête. Je me suis dit à moi-même : qu'ai-je à faire de suivre ce méchant dans le tortueux dédale où il s'embar-

(1) Je me suis ravisé, & j'ai suivi en effet pied à pied, l'Anonyme dans les notes portées à la fin de cet ouvrage.

rasse ? Non, il y auroit trop de honte à réfuter ses mensonges qui le perdront en se détruisant d'eux-mêmes.

Le moment est venu de ne plus garder de ménagemens avec ces hommes affreux qui se jouent de l'humanité souffrante, & osent afficher hautement le mépris qu'ils ont pour elle. Que nous serviroit d'être libres, si nous craignions de sentir & de communiquer aux autres l'indignation de la vertu ? Aurions-nous rompu nos chaînes pour voir indifféremment les méchans attrouper la foule autour de leurs fausses doctrines ? Eh ! quand l'oppression est leur droit public, notre devoir n'est-il pas d'invoquer contr'eux l'opinion publique ?

Gardons-nous de ces écrits anonymes qui calomnient notre liberté, en attaquant sourdement celle de nos freres. Estimons-nous heureux d'appeller de ce nom *les sang-mêlés* ; nous n'avons pas les préjugés de l'*habitant observateur* ; mais nous avons ces sentimens d'humanité qui valent bien mieux, & les ames dignes de nous imiter, *nous entendent à merveille.*

Ne nous en rapportons pas non plus à l'Anonyme sur le chapitre des mœurs. Écoutons ce que dit ce législateur d'un genre nouveau sur le honteux concubinage des Colonies.

» Ce commerce illégitime, qui offense les

» mœurs & la Religion (*il va rougir de cet aveu*) » eſt un mal néceſſaire dans les Colonies, où les » femmes ſont en petit nombre, & où les mariages » ne peuvent être nombreux. Il prévient de plus » grands vices. Les foibleſſes des maîtres les ap- » privoiſent, & l'eſclavage eſt adouci. La popu- » lation, y gagne, (*quelle population, grand Dieu!*) » parce que c'eſt moins le libertinage que le beſoin, » qui préſide à ces unions illicites; la chaleur du cli- » mat, qui irrite les deſirs, & la facilité de les » ſatisfaire, rendent inutiles les précautions du » légiſlateur, pour remédier à ces abus, parce que la » loi ſe tait où la nature parle impérieuſement. »

Voilà un échantillon de ſes principes moraux. Il ſacrifie, comme on voit, l'honnêteté des mœurs au préjugé qui défend les méſalliances. Il ne ſe ſouvient plus des anciennes loix qui avoient voulu arrêter cette corruption; & de l'abus des ſens, il en fait un code réglementaire pour l'Amérique. Eh! qui empêche que les mariages ne ſoient plus nombreux? Celui qui n'a pas eu honte de corrompre une fille de couleur, rougira donc de légitimer ſes enfans par le mariage, & augmentera ſans remords, les vices d'une population malheureuſe? O terre maudite du ciel, malgré toutes tes richeſſes! continue d'écouter de pareils Inſtituteurs. Et toi, pauvre Nation qu'on inſulte par de tels écrits, ose leur donner ton suffrage, & flatte-toi d'une régénération. Mon ame s'étonne de l'immoralité de l'impudent Anonyme ; mais à la maniere dont il juge le Curé Grégoire, je vois d'ici qu'il s'étonnera de ma réflexion.

Il veut paroître léger, & il n'est que lourd ; ses plaisanteries sont d'un mauvais ton, & sa fierté est de l'insolence. On le prendroit pour un de ces Ecrivains à gage, que les méchans payent pour outrager leurs ennemis, & qu'on méprise à proportion de la bassesse du rôle où le vil intérêt les fait descendre. Quel autre motif peut l'avoir engagé à insulter grossiérement un vrai habitant de nos Colonies, un citoyen distingué par son caractére moral, & qu'il traite bassement du *nommé Raymond*, comme si les oreilles françoises étoient faites à ces appellations insolentes? M. Raymond, avantageusement connu à Saint-Domingue, estimé en Europe, & au moment de voir les hommes libres de sa classe, rentrer par ses soins dans tous les droits de citoyens, a l'ame trop noble, pour sentir une insulte qui ne déshonore que l'Anonyme. Il se nomme, lui, & l'autre se cache derriere un rideau épais, d'où il lui décoche bravement ses coups. Mais M. Raymond a-t-il jamais pris contre personne le ton de l'insulte & de la vengeance ? Peut-on lui reprocher des obſervations du genre de celles de l'Anonyme ? O eſclave ! plus eſclave cent fois que ceux dont tu accuſes calomnieuſement cet honnête Américain d'être deſcendu ; je te défie de te meſurer de principes avec lui, & de mettre dans tes écrits la même ſageſſe, le même bon ſens qui brille dans les ſiens ; tu les lui conteſtes avec ſon honnêteté ordinaire ; tu donnes à entendre fauſſement, que d'autres lui ont prêté leur plume, mais s'il ſe fût adreſſé à toi pour défendre ſes droits, quel ſervice auroit-il pu eſpérer de la tienne ? Tu ne te ſerois pas excuſé ſur ta qualité d'Américain ; ils ſont loin la plupart de te reſſembler ; mais ſur la froideur de ton ame pour de pareils intérêts. Et ne crois pas que je te calomnie : montre-moi une ſeule ligne dans tes obſervations, qui annonce une ame ſenſible : je t'en montrerai cent qui décélent une ame cruelle !

O le plus barbare des hommes ! tu ſaiſis le moment où des malheureux ſollicitent ce que la loi ne peut leur refuſer, pour leur enfoncer le poignard dans le cœur ! Tu tourmentes leur liberté par des railleries, & tu tâches d'être plaiſant, lorſque tes ſemblables s'agitent ſous le poids de leurs longues tribulations ! Eſt-ce ainſi que tu acquittes la dette de ton pays envers tes compatriotes que tu as vu naître, qui habitoient le même sol que toi, dont les uns sont peut-être tes freres, & les autres tes enfans; car les priviléges de vos climats donnent une grande extension à vos familles. Ces infortunés que tu persiffles si cruellement dans le cours de 68 mortelles pages, que t'ont-ils fait? par quel crime ont-ils mérité cette diatribe fastidieuse? Tu vas fouiller dans les Greffes des Colonies pour prouver qu'il y a eu des coupables parmi eux; le moment est bien choisi, si tu veux être leur bourreau & celui de leur postérité, en reculant l'instant où ils seront proclamés libres par l'auguste Assemblée qui ne fera que déclarer ce qu'ils sont déjà. Mais faudra-t-il, avant ce moment, qu'ils dévorent l'ennui de ton écrit, qu'ils en savourent lentement toute l'amertume? Les voilà déshérités à jamais de leurs justes prétentions, si l'Assemblée consacre les tiennes. Mais ici le doute seroit une injure; ceux qui jugeront cette belle cause, sont humains comme la nature, & impassibles comme la loi.

A qui as-tu voulu plaire? Choisis entre le peuple des colonies, & les riches des mêmes contrées. Les uns te regarderont comme un lâche ennemi qui prend ses avantages pour les outrager; les autres, s'ils ont de l'humanité, te mépriseront ; il n'est pas d'une ame noble d'insulter à des esclaves, ou à des hommes que l'on croit tels.

Aurois-tu adopté pour ton compte la maxime des Romains ?

Parcere subjectis, & debellare superbos.

Mais ici où sont les superbes, si ce n'est toi ? Je doute que ton écrit te fasse beaucoup de conquêtes ; ni les hommes, ni les femmes de notre nation ne s'accommoderont de tes airs de suffisance. Nous voulons plus de prévenance dans les manieres, plus de franchise dans les mœurs ; c'est tout ce qui manque à ta personne, si elle est calquée sur ton style. Je te parle librement, comme tu vois ; suppose que c'est un mulâtre qui répond à tes gentillesses ; il faut que la postérité sache qu'un écrit où ils sont si bien traités, n'est pas absolument resté sans réponse.

Le curé Grégoire, le nommé Raymond, & l'avocat Joli que tu ne nommes pas, & ce M. Clarkson dont tu fais un homme très-vain, parce que tu l'es peut-être toi-même, & les comités, & les petits-maîtres, & les femmes à vapeurs, tout est saupoudré du sel de tes plaisanteries. Il faut espérer que j'aurai mon tour ; tu as, je l'imagine, des plaisanteries de toutes les couleurs, pour me servir d'une de tes plus jolies expreſſions que tu appliques aux femmes. Je t'attends pour ce moment-là, & je te prie de te nommer : il y va de ta gloire de ne pas te renfermer toujours ſous l'enveloppe modeſte de l'Anonyme. Le grand homme ne riſque rien de ſe montrer à découvert, ſur-tout lorſqu'il étale les grands principes d'adminiſtration, & qu'il les met en contraſte avec les droits impreſcriptibles de l'homme. Je ſuis curieux de voir comment tu te tireras de la déclaration des droits, en l'appliquant à la cauſe que tu défends. C'eſt un défi qu'on t'a fait, & tu n'y as pas répondu. Pardonne à la liberté de mon ſtyle; la révolution m'a un peu gâté; j'ai appris à tutoyer en me trouvant quelquefois avec des mulâtres; je te parle la langue du pays; tu m'entendras ſans doute, puiſque tu parois en avoir ſi bien conſervé les mœurs. Cependant on m'aſſure que les principes commencent à changer, & alors il faudra que tu faſſes une autre Brochure pour corriger les bévues & les abſurdités innombrables de celle que j'attaque. En attendant, je te conſeille d'être un peu plus circonſpect à l'avenir, & d'appoſer ta ſignature à tes livres, pour t'épargner de rudes leçons. Un Anonyme qui inſulte le bon ſens & les perſonnes, ne mérite point de grace, & je me charge, de gré à gré, d'une commiſſion dont les Américains s'acquitteroient encore mieux que moi.

Suivent

SUIVENT les bévues de l'Anonyme, dans ses Observations sur le Mémoire de M. GRÉGOIRE.

L'ANONYME débute par sortir de la question, (*page 1ere*). Il ne s'agit pas ici du panégyrique des gens de couleur, mais de leurs droits incontestables. La mauvaise foi cherche à éluder la difficulté; la raison l'y ramene avec sa force invincible.

Les injures de l'Anonyme, répandues çà & là dans son écrit, prouvent d'abord la foiblesse de sa cause; mais elles méritent une petite observation. Si l'Auteur est homme de lettres, pourquoi se cache-t-il? Qui le devinera dans les huit lettres de l'alphabet qui terminent sa diatribe? Qui cherchera à le deviner, après l'avoir lu? L'honneur demande, ce semble, que l'on se nomme, quand on défend une bonne cause, & que l'on dit vrai. Jugeons par les précautions clandestines de l'Auteur, & de sa cause, & de la foi qu'on doit à son dire.

Ensuite, quoi de plus mal-adroit, que d'englober dans ses épigrammes M. Clarkson, qu'il regarde comme un fou? Qui le croira, lorsqu'il s'engage à prouver que cet Auteur avance encore plus de faussetés que M. l'Abbé Grégoire, surtout après avoir lu ces notes qui lui donnnent le démenti le plus formel ? Il s'acharne contre la société des amis des noirs, dans laquelle on trouve les noms les plus respectables; tout ce qui pense avec humanité, tente la griffe crochue de l'observateur. Mais qu'il prouve, avant tout, que les mulâtres sont inadmissibles aux avantages de la société, & qu'il ne taxe plus de fanatisme leur défenseur, en disant, méchamment, qu'il aiguise les poignards, dans un ouvrage consacré à l'humanité, & qui en respire les plus doux sentimens. L'attrocité de l'inculpation retombe sur son auteur; c'est en cela qu'il est aussi faux que méchant: à moins qu'il ne croye que le mensonge est nécessaire à sa méchanceté, & que son écrit a besoin de ce double passe-port.

Il accuse M. Grégoire d'avoir imprimé son avis étant membre du Comité de vérification. Ce n'est pas ici un fait particulier, mais une question de droit public qu'on agitoit dans l'assemblée, & elle n'avoit pas défendu aux membres du Comité d'imprimer sur les questions de droit public; elle ne pouvoit le défendre. D'ailleurs, les Membres du Comité ne jugent pas, ils donnent leur avis, & on en fait le rapport à l'Assemblée Nationale : que veut donc dire l'Anonyme, par ce reproche insi gnifiant ?

Il accuſe M. Grégoire d'avoir été copiſte des Mémoires de M. Raymond. Il ne les a pas cités ; car on ne cite que pour mettre à portée de vérifier. Mais eſt il défendu de conſulter des mémoires ? Et, les eût-on copiés, qu'eſt-ce que cela fait à une cauſe ? Elle eſt bonne ou mauvaiſe, voilà à quoi il faut s'en tenir Mais il eſt de toute fauſſeté que M. l'Abbé Grégoire ait été plagiaire; l'Anonyme eſt un impudent de l'en accuſer; qu'il ſe nomme, & qu'il juſtifie ſon aſſertion aux yeux du public, en attendant, on le déclare fourbe & impoſteur.

(*Page* 4.) L'Anonyme ne peut pas ignorer que des perſonnes de couleur n'ayent eu des arrêts qui les déclaroient blancs ; alors on pouvoit les appeller blancs ; ils l'étoient au phyſique, & la nature rend toujours de ces ſortes d'arrêts à la troiſieme ou quatrieme génération ; mais le moral des blancs ſe refuſe à leur enregiſtrement. Lequel eſt plus raiſonnable, de la Nature ou de ces Meſſieurs ?

(*Page* 4.) Les Maréchauſſées exiſtent dans la plus grande & la premiere des colonies à St.-Domingue. On ignore s'il y en a ou s'il n'y en a pas dans les autres colonies. Qu'importe cela ?

Mais il eſt de fait, qu'à St.-Domingue, il n'y a que des perſonnes de couleur dans les Maréchauſſées, à l'exception de l'Exempt, dans la majeure partie des Paroiſſes, & du Brigadier, dans peut-être ſix Paroiſſes. Remarquez l'attention des blancs à ſe réſerver toujours les bonnes places.

Les mulâtres ſont ſi bien payés, que beaucoup d'Exempts leur retiennent & emportent leur appointemens, & quand ils veulent ſe plaindre, les priſons ou les menaces les font taire.

L'Anonyme nous fait enviſager comme le bonheur ſuprême pour eux d'aller à cheval. Cela ſeul prouve une horrible vexation, c'eſt de les en empêcher en d'autres circonſtances : eſt-il poſſible que l'on préſente de pareilles raiſons pour appuyer une ſi mauvaiſe cauſe ?

Quant aux captures, l'Officier blanc s'empare de tout, & fait la part qu'il juge à propos aux Cavaliers.

(*Page* 5.) L'Anonyme, faute de pouvoir répondre, va chercher une tierce perſonne, qu'il appelle le nommé Raymond. Eh bien ! ce nommé Raymond eſt habitant à Aquin, iſle St.-Domingue, propriétaire d'une habitation aſſez conſidérable, plein de probité & de mœurs. Il a été élevé en France, ainſi que ſept de ſes freres & ſœurs, tous établis ici ou à St.-Domingue. L'hiſtorique de M. Raymond eſt auſſi peu connu de l'Anonyme que ſa perſonne ; car il ne ſe ſeroit pas permis de l'attaquer avec tant d'effronterie.

On offre de prouver par des lettres des Adminiſtrateurs, des Commandans, que M. Raymond a toujours été conſidéré dans ſon pays.

Qu'importe d'où il a tiré les faits conſignés dans ſes mémoires ? ce ſont des faits que ne détruiront ni les aſſertions haſardées, ni les plaiſanteries manquées de l'Anonyme.

(*Page* 8.) Ici l'Anonyme ne pouvant répondre, dit que le ſervice de piquet n'a pas lieu dans toutes les Colonies, mais il a lieu à St.-Domingue, & il eſt ſi dur, que M. de Bellecombe l'avoit détruit, & après lui il a recommencé. Puis M. de la Luzerne l'a détruit encore', & on l'a encore rétabli. Qu'on interroge ces deux Adminiſtrateurs : le premier eſt à Montauban, le ſeſecond eſt Miniſtre de la Marine.

On fait le ſervice du piquet & celui des milices. Il n'y a point de change ; car le même homme qui a fait le piquet pendant huit jours, eſt obligé le lendemain de paſſer la revue, ſans quoi en priſon.

L'Anonyme dit que ce ſervice n'arrive que tous les 15 mois. On prouvera par des ordres donnés, qu'il arrive, pour le même individu, toutes les ſept ſemaines. Ici l'Obſervateur, preſſé par la vérité, confeſſe que c'eſt un abus ; en voilà donc un de bon compte, parmi cent mille autres.

(*Page* 9.) Les hommes de couleur qui réclament, n'ont point tous des parens eſclaves. Il ne faudroit pas exclure de certaines profeſſions ceux qui ſont exempts du doute, &, en général, ne pas ſuppoſer à l'eſpece humaine la perverſité gratuite de l'Anonyme.

(*Page* 10.) M. l'Abbé Grégoire ne prétend pas deviner des faits qui ſe paſſent à deux mille lieues de lui ; mais ces faits ſont prouvés au miniſtere & à la Nation. Que l'Anonyme auroit beau jeu, ſi les Plaignans en avoient impoſé au miniſtere ! Il s'en tire par des menſonges & des gambades ; mais il eſt un peu lourd dans ſa chûte.

Par exemple, quand il dit que les bâtards ne doivent pas prendre des noms européens. Un nom de famille à une origine, & cette origine a différentes cauſes ; ſans quoi nous nous appellerions tous *Adam*, comme venant de lui. Mais un Européen a un enfant avec une Africaine ; l'individu qui en vient peut prendre le nom qu'il voudra, pourvu qu'en prenant ce nom il ne faſſe tort à perſonne. Peut-on le forcer de prendre un nom d'un idiôme plutôt que d'un autre, quand il ſeroit dix mille fois bâtard ? c'eſt toujours une violence de plus. On dira que cette loi n'a été faite que pour Saint-Domingue ; mais en a-t-on moins raiſon de s'en plaindre ?

(*Page* 11.) L'Obſervateur s'aſſimile aux colons américains ; l'eſt-il ou ne l'eſt-il pas ? c'eſt ce que nous pourrons vérifier aiſément, lorſqu'il nous aura dit ſon nom. Toujours eſt-il vrai qu'il ne doit point conteſter la qualité de colons américains à ceux qui ont des poſſeſſions en Amérique. Si les ſiennes n'étoient, par exemple, que ſur les brouillards de la Seine ou de la Loire, de quel droit ſe donneroit-il la qualité d'habitant des Colonies où ce mot ſignifie propriétaire ?

En un mot, pour confondre l'Anonyme ſur beaucoup de faits où il mêle artificieuſement les autres colonies, il ſuffit de lui dire, s'il ne le ſait pas, ou de dire au Public, s'il feint de l'ignorer, que les reproches des gens de couleur roulent principalement ſur l'iſle de Saint-Domingue, & que ſi les mêmes abus exiſtent ailleurs, ces points de l'Amérique ne ſont preſque rien en comparaiſon de cette vaſte Colonie ; mais les intérêts de l'humanité ſont par-tout les mêmes.

Les menſonges de l'Anonyme viennent au ſecours de ſa maniere de raiſonner, quand il eſt trop évident que celle-ci ne vaut rien. Ainſi il attribue, *page* 13 de ſes Obſervations, à l'amour-propre des gens de couleur eux-mêmes, la qualité de métif ou de métive, & autres, données sur les registres de Baptême, tandis qu'il est prouvé que c'est un sujet de vexation pour beaucoup de gens de couleur, qui, à cause du préjugé, répugnent à laisser ainsi épiloguer sur leur origine.

Quant à la défense faite aux mulâtres de manger avec les blancs, elle est vraie. Les Mémoires qui en parlent ont été envoyés aux Administrateurs de Saint-Domingue. M. le Maréchal de Castries en avoit prévenu M. Raymond, qui, le sachant, n'auroit pas manqué de revenir sur cet article, s'il étoit dans son caractere d'altérer jamais la vérité, & s'il avoit à cet égard, la complaisance merveilleuse de l'Anonyme. Ainsi M. l'Abbé Grégoire a été mieux instruit des faits par M. Raymond, que l'Anonyme ne l'a été par ceux qui lui ont fourni des matériaux; & on peut donner hardiment un démenti à celui-ci sur ses défenses, & sur la maniere dont il s'y prend pour mettre M. Raymond en contradiction avec lui-même.

La défense d'user des mêmes étoffes que les blancs, défense faite aux gens de couleur en 1779, est de l'aveu même de l'Anonyme, impolitique, maladroite & inutile. Mais il ne parle pas de la dureté, des avanies & des vexations qu'elle a entraînées, il s'amuse à insulter ceux ou celles qui en ſont l'objet, ſans dire un ſeul mot des oppreſſeurs dont ils ont à ſe plaindre.

Il ne laiſſe paſſer aucune occaſion de les rappeller à l'ordre des Colonies, qui n'eſt certainement pas le meilleur des ordres poſſibles ; il tâche de ridiculiſer à ſa maniere leurs défenſeurs ; & avec un œil dont la ſagacité n'eſt pas bien connue, il cherche à démêler ſubtilement les nuances de leur peau : mais pour la vérité, la raiſon, l'humanité & la juſtice, il ne s'en embarraſſe point : il voudroit nous perſuader que ces choſes ne ſont point, en Amérique, des fruits du climat. Ses compatriotes réclameront contre : ils n'auront garde, je l'eſpere, de l'avouer de ſes ſarcaſmes contre les gens de couleur, & ce caractere de la peau qui n'eſt pas indélébile après tout, ne les empêchera pas de reconnoître les droits de ceux que l'Anonyme ſe plaît à humilier, comme s'il avoit miſſion pour cela, & qu'il entrât dans ſes intérêts de combattre les réclamations légitimes de 40000 individus.

On parle de défenſes d'aller en voiture ! pag. 17. Eh ! oui, Monſieur, on en parle, parce que cela eſt vrai, & vous auriez dû traiter un peu moins leſtement une pareille défenſe. Cela ne vous ſemble rien, à vous qui avez pris votre parti là-deſſus comme ſur beaucoup d'autres choſes ; mais ceux que l'on vexe ne ſont pas de ſi bonne compoſition. Vous avez beau dire que ces choſes n'ont trait qu'à Saint-Domingue ; je vous le répete, Saint-Domingue eſt preſque tout, vu ſa population & ſon étendue ; c'eſt-là que les outrages ſont plus multipliés & mieux ſentis : comment faites-vous pour ne vouloir pas comprendre cela ?

Les gens de couleur libres, dit-on, ne peuvent venir en France. pag. 18. Il en convient, l'Anonyme ; mais il prétend que cela leur eſt interdit par des loix faites en France. Qui les a ſollicitées, ces loix ? ſont-ce des Picards, des Normands ou des Lorrains ? Eſt-ce nous qui gênons la liberté des gens de couleur, nous François, qui ſentons parfaitement la juſtice de leurs plaintes ? Les blancs qui demandent ces défenſes ne ſont point François à notre maniere, cela ſe ſent ; ils ſont injuſtes envers ces hommes dont l'Anonyme met la liberté en caractere italique, comme ſi elle étoit d'une eſpece particuliere. En vérité, les moyens de l'Anonyme ſont bien petits, & ſes raiſonnemens ſur les faits, d'une étrange nature. Eſt-il embarraſſé ? il a à ſa main des *ſi* de doute ; ſi le fait eſt vrai, *ſi*, *ſi*. Eſt-ce ainſi que l'on ſatisfait des gens raiſonnables ? A qui croit-on en impoſer par des défaites auſſi puériles ?

L'excluſion des charges & emplois publics eſt

plus certaine & mieux obſervée. pag. 18. L'Anonyme trouve ici la ſublimité de la ſageſſe & de la morale coloniale. Pour juſtifier l'excluſion, il prend le dernier terme de l'eſclavage, & le premier degré de la liberté; mais il ne réfléchit pas qu'il eſt des gens de couleur libres depuis pluſieurs générations, propriétaires, riches, bien élevés, qui ont des mœurs, & des mœurs plus diſtinguées ſans doute que ceux qui les calomnient par leurs mémoires. Ceux-là, peut-être, n'abaiſſeroient point les charges juſqu'au niveau de ces ames vénales, qui ne parlent de liberté que pour ſe vendre, & de ſervitude que pour opprimer des gens honnêtes. En vain pour appuyer des principes faux & étrangers à nos mœurs, on veut confondre tous ces affranchis ſous la même dénomination; c'eſt reproduire le déſordre des diſtinctions féodales. Il ſemble que ce droit affreux, détruit par l'Aſſemblée Nationale, ſe cantonne en Amérique, pour venir de nouveau affliger la France. Car ſi on écoute les ennemis des gens de couleur, ils argueront bientôt des déciſions qu'on aura données en faveur de leur ſyſtême anti-ſocial, pour rétablir auſſi en France différentes claſſes de liberté, & différentes ſortes de droits.

L'Anonyme part toujours du préjugé pour fonder la justice de ses raisons, comme les commentateurs de mauvais ouvrages s'escriment à tout propos pour excuser ou justifier les sottises du texte. Il appelle le préjugé de la couleur, le ressort caché de toute la machine coloniale. Mais de bonne-foi, à qui fera-t-il croire que cette machine ne puisse subsister que par des injustices nées de la fantaisie & des caprices des individus à qui leur vanité persuade que ceux qui sont libres ne le sont pas, & doivent toujours être traités comme des espèces d'esclaves ? Voilà sur quoi il faudroit frapper, pour abolir l'infamie d'un tel préjugé véritablement contraire à la prospérité des Colonies, quoiqu'en disent nos Adversaires.

Il échappe de tems en tems des aveux à l'Anonyme. Vaincu par la force de la vérité, il se laisse aller, mais d'un air à faire penser que cela lui coûte. Quelques mensonges par-ci par-là, salissent toujours ses aveux. Il nous dit qu'en 1768, les gens de couleur voulurent tous sortir des compagnies de milices où ils n'étoient pas les premiers. Voilà comme effrontément on dénature les faits. Oui, ils voulurent en sortir, parce qu'on leur ôtoit leurs commissions d'officiers, & même pour avoir épousé des femmes de couleur ; s'ils étoient nobles, on leur défendoit de faire enregistrer leurs titres. A beau mentir qui vient de loin ; cela ne détruit pas la vérité, quand d'honnêtes gens s'offrent d'en produire la preuve.

L'Anonyme, *page* 25, ne se montre pas trop indulgent envers les blancs, qu'il fait servir de prête-noms à ceux dont ils légitiment les enfans par des mariages intéressés. Il se sert de cette raison pour flétrir les mariages avec les filles de couleur, ce qui est une atrocité révoltante. L'Anonyme a beaucoup de goût pour ces sortes d'arrangemens qui n'engagent pas à grand'chose, & il en fait sa cour à ses chers compatriotes. Ce ne sont pas-là des mœurs pures, il faut en convenir, & ce n'étoit pas la peine de revenir si souvent là-dessus, comme si l'on eût douté des principes de l'Anonyme. On m'a dit que les femmes blanches des colonies ne lui sauroient pas beaucoup de gré de son extrême facilité à cet égard ; elles sont jalouses, & il paroît que notre homme leur donnera souvent le sujet de l'être encore davantage, si l'on met à profit ses savantes leçons. Que voulez-vous ? Les uns vantent le mariage, & ceux-là sont du bon vieux tems ; les autres approuvent des liens plus faciles, & ceux-ci ont leurs partisans ; mais ce n'est point avec leur doctrine que l'on peut fonder ou affermir des empires.

(*Page* 26.) L'Anonyme approuve très-fort que

la race des noirs ſoit livrée au mépris. Nous attendons qu'il nous donne les raiſons *impérieuſes* de ce ſyſtême benin. Ne nous fâchons pas contre un homme aſſez abſurde pour avancer un tel paradoxe, au mois de Décembre de l'année 1789. Il faut qu'il ſoit bien étranger à la révolution, qu'il n'ait rien vû ni rien lû de ce qui s'eſt paſſé ſous nos yeux, & qu'il ne connoiſſe du droit public françois que l'abus des uſages de l'Amérique. Fera-t-il fortune avec ſa doctrine? C'eſt ce qu'on ne ſait pas. Il eſt des aventuriers qui tâtent par-tout le terrein, & qui après avoir éprouvé la mobilité d'un ſol libre, eſſayent s'ils pourront appuyer le pied dans le pays de l'eſclavage. Mais voilà de bon compte 40,000 ennemis qu'ils ſe font en attendant, & qui ſont de la race des noirs proſcrite par l'Auteur. La belle recommandation pour proſpérer dans un pays! Il vaudroit mieux comme Soſie, quand on en a les ſentimens, ſe dire ami de tout le monde.

L'Anonyme qui admet l'influence des femmes de toutes les couleurs, ne devroit il pas ſentir qu'il eſt des vertus dans toutes les claſſes, & qu'un mépris accordé généralement à une eſpèce d'hommes, peut bien diminuer le nombre des gens vertueux, mais non les détruire tout-à-fait? C'eſt bien lui qui complote, avec ſes principes, contre l'Amérique. Il y anéantit la vertu par le mépris dont il est si libéral, si prodigue même, envers les Africains & leur race. Que deviendroient les blancs, si les noirs agissoient en conséquence du mépris auquel l'Auteur les abandonne ? Heureusement pour nos Colonies, il est des vertus dans cette classe, & même de très-distinguées. Qu'il ose nous démentir !

Que veut dire l'insolent Anonyme (*page 26*) par les mots de fanatique-révolutionnaire appliqués à M. Grégoire ? Est-ce qu'il prétend donner du ridicule à l'heureuse révolution qui a délivré la France du joug de tant d'aristocraties combinées pour nous tenir dans les fers ? Le despotisme a ses hypocrites, auxquels j'opposerai les fanatiques du bien, & certainement la victoire ne restera pas aux premiers. Mais ces fanatiques ne tuent ni ne veulent tuer personne, que les préjugés & les mauvaises raisons. Garre à l'Anonyme ! Il est fort menacé de ce double genre de mort. Il s'est gratté la tête pour trouver ce vers si peu connu ; *eh quoi !... d'un Prêtre est-ce là le langage* ? Il l'applique à M. Grégoire ; il lui demande s'il y reconnoît un Représentant de la Nation. Pauvre Anonyme ! Quelles visions vous vous mettez dans la tête ? pour reprocher de pareils desseins à quelqu'un, il faudroit en avoir la preuve ; & certainement, ni la morale, ni les mœurs, ni les écrits de M. Grégoire ne feront rien soupçonner de semblable à personne, pas même à l'Anonyme. Sa bonhommie se sera sans doute indignée intérieurement lorsqu'elle aura vû sa lourde plume laisser tomber sur le papier une si grosse injure.

(*Page* 28.) Toujours l'Anonyme est en défaut; toujours il controuve les faits, toujours il veut des distinctions humiliantes. Cela lui fait plaisir; il croit qu'il y va de sa dignité d'habitant des Colonies, & il se rengorge, en pensant que la Nature s'est épuisée en Afrique & aux Antilles, pour lui donuer un si grand nombre d'inférieurs. Que sais-je même si, à force de s'échauffer la tête, il ne les regardera pas comme ses sujets? Il dira: c'est moi qui les ai fait rentrer dans leur devoir, qui ai pulvérisé leurs raisons, anéanti leurs prétentions. Lisez mon Mémoire. Quelles fines ironies! comme je mene le nommé Raymond & le Curé d'Emberménil! Ce sont soixante-huit pages d'or; cela vaut tout ce qu'on a écrit sur cette matière. Messieurs les Propriétaires-planteurs, cottisez-vous pour me donner une belle habitation: justifiez le titre que j'ai pris à la tête de mes savantes observations; sans moi vous perdriez vos prérogatives: vous aviez des égaux, & vous ne devez point en avoir; mais ne me contestez

teſtez pas de vous être ſupérieur ; ſi vous en doutez, liſez ma brochure.

Continuons de le ſuivre, toujours avec la preuve de ſes infidélités & de ſes menſonges. Il veut nier les attentats contre la majeſté des mœurs, & il regarde ce mot de *majeſté* donné par lui aux mœurs, comme une excellente plaiſanterie. Oui, nous adoptons l'expreſſion. C'eſt la majeſté des mœurs qui fait celle des Empires ; des miſérables ſe permettent de les inſulter, & le mépris public ne les punit pas ! Mais les mœurs ſont-elles moins reſpectables en Amérique qu'en Europe ? Eſt-il de l'eſſence de ce pays-là que chaque habitation ſoit un ſerrail, & qu'on veuille faire de toutes les femmes de couleur, les maîtreſſes de Meſſieurs les Blancs ? En favoriſant ce libertinage, que gagne-t-on ? la corruption, l'opprobre, la deſtruction de la Colonie, & rien de plus.

(*Page* 31.) On eſt un peu ſurpris d'entendre dire à l'Anonyme qu'il y a à St.-Domingue une tendance générale à la douceur & à la modération, lorſque l'on tient à la main toutes les ordonnances faites depuis 1768, contre leſquelles on réclame. Faut-il nommer les Blancs qui ſe ſont permis de commettre des atrocités? on les nomera. Ont-ils été punis ? non, ils éludent tout. Mais que la Nation prenne ſous ſa ſauve-garde celui qui prouvera des traits odieux reftés impunis, & l'on verra éclore des infamies bien révoltantes. Vous me direz, cela ne regarde que des particuliers : & où en ferions-nous, bon Dieu! fi tout le monde en ufoit de même ! Nous voulons feulement prouver qu'un mauvais régime engendre de mauvais exemples ; détruifez ce régime vicieux, & les exemples ne fubfifteront plus; affurez les droits de ceux qui font libres, ils vous béniront, & vous n'aurez plus befoin de faire mentir des Anonymes. Ceux qui s'élevent contre vous, prendront alors la plume, non pour confondre des menfonges, mais pour célébrer des vertus.

L'Edit de 1784 vouloit qu'on traitât les efclaves plus humainement : l'avarice & l'orgueil de beaucoup de Blancs ne le vouloit pas : de-là une multitude de réclamations, dont le Miniftre fut étourdi & indigné. Tout ce que l'Anonyme dit à ce fujet, eft obfcur, infignifiant, faux, cruel, & ne détruit aucun fait. Sa maniere favorite eft de nier ; la nôtre de fournir des preuves. Nous les avons, ces preuves; le Miniftre les a ; l'Affemblée Nationale les connoît, & peut-être qu'elles feront bientôt mifes fous les yeux de toute la France.

(*Page* 37.) Il eft plaifant que l'habitant obfervateur reproche aux gens de couleur un génie turbulent. Ils ſont connus pour être les plus paiſibles des hommes, & le courage dont ils ont donné des preuves en tant de rencontres, n'eſt rien moins qu'incompatible avec la douceur de leurs mœurs. Le génie turbulent eſt celui qui s'expatrie par cupidité, qui tente toutes les routes de l'ambition, qui aujourd'hui s'irrite comme un tigre, & demain ſe gliſſera comme un ſerpent, qui, bouffi d'orgueil & de prétentions, ne doute de rien pour chercher d'arriver à tout, & ſouvent n'arrive à rien. Que d'aventuriers nos colons américains n'ont-ils pas vu de ce genre, venir mendier des ſecours dans leurs habitations, & les payer enſuite de la plus noire ingratitude ! Eux turbulens ! Eux, laborieux cultivateurs d'une terre, où tout invite à une paix qui n'eſt troublée que par les vices de l'Europe ! Eux conſpirateurs, & toujours opprimés ! Ceux qui les défendent, ſont donc auſſi des conſpirateurs ! Il eſt des gens qui voudroient le faire croire ; mais cela ne prend pas plus que l'Ecrit de l'Anonyme.

(*Page* 34.) Ici l'Auteur invoque le 18e ſiecle contre M. Grégoire, & il oublie lui-même que ſes préjugés le reculent vers le milieu du 15e, où commença la traite des Nègres, dont il fait poliment & vertueuſement honneur à l'illuſtre las Caſas, connu par des qualités bien différentes de celles d'un Capitaine Négrier. Il met en doute si le préjugé de couleur est plus foible dans l'Inde ; il assure bien que non, tant il a de facilité à nier des faits sans en apporter les preuves ! qu'il nie toujours.

Poursuivons, ou plutôt finissons ; car rien de plus dégoûtant que de répondre à l'Anonyme. Les faits attestés par le témoignage de M. Grégoire, dans son Mémoire en faveur des gens de couleur, restent dans toute leur force. Les raisons de l'Adversaire sont pitié, quand elles n'excitent point l'indignation. On voit bien quel est son but, c'est d'empêcher que les gens de couleur ne soient assimilés aux blancs, & qu'ils n'ayent des Représentans à l'Assemblée Nationale. Ce sont-là les conclusions d'un avocat d'une très-mauvaise cause, qu'on ne peut plaider sans choquer les principes de la raison, de la justice, & même de l'honnêteté. Nous en avons assez donné de preuves, ce me semble. Quant aux railleries de l'Auteur, elles seroient bonnes, que les honnêtes gens auroient peine à les goûter dans ce moment-ci. On ne fait pas rire aujourd'hui des François aux dépens de l'humanité : elle est là, qui étouffe ses larmes ou qui les essuie, & cela déconcerte un peu les mauvais plaisans. Rions, à la bonne heure, quand nous serons sortis de nos abus & de tant de prétentions misérables dont nos freres supportent le poids : jusques-là, je commanderai le férieux, même à ceux qui ont le plus befoin de fe divertir, & je leur ferai toujours un crime de chercher à provoquer le rire des méchans au fujet des malheureux. Il fut un tems où l'on rioit de tout; ce tems eft paffé, je l'efpere. Pour vous, infortunés Américains, vous armerez par vos plaintes l'indignation de la vertu contre vos ennemis; & le plus grand fupplice que je fouhaite à celui qui a lancé contre vous ce lâche pamphlet, c'eft de fortir de l'embufcade de l'anonyme, & de fe faire connoître.

ACHEVE D'IMPRIMER LE 30 SEPTEMBRE 1968 PAR GALLI THIERRY,
MAITRE IMPRIMEUR A MILAN POUR LE COMPTE DE

EDHIS

EDITIONS D'HISTOIRE SOCIALE

10, RUE VIVIENNE A PARIS

IL A ETE TIRE 750 EXEMPLAIRES NUMEROTES SUR PAPIER
VERGE A LA MAIN, PLUS 30 EXEMPLAIRES HORS COMMERCE

EXEMPLAIRE N° 165

www.ingramcontent.com/pod-product-compliance
Ingram Content Group UK Ltd.
Pitfield, Milton Keynes, MK11 3LW, UK
UKHW020106200726
13856UKWH00002B/411